自律神經失調

身心壓力 自救篇

身新醫學診所院長
梁恆彰
著

首創理論！

將看不見的壓力、情緒、能力三者錯綜複雜的互動消長關係，以及自律神經的交感和副交感的兩條神經反射，多達五種變動因素，建構出邏輯清楚的身心壓力模型。

★新觀念！
破解身心問題完全歸因於心理因素

★好真實！
超過30個身心壓力見證者案例，都說身體好了，心情也跟著好

★新突破！
用大量圖解呈現過去無法具象的壓力、情緒、能力、自律神經等樣貌

★方便用！
處理身痛心亂要用對重點，紓壓四大策略指引實用方針

★好神奇！
壓力讀心術簡單又好用，不再苦於心事無人知

目錄

見證與推薦

寫在前面　身心壓力新觀點：無法量化的壓力，不再難以捉摸

第1章　不一樣的身心壓力解藥

第3章 從心率讀懂你的壓力與情緒，真的很簡單！

第4章 自己的身心不快自己救：處理壓力技巧活用術

創見心理生理互相影響機制，醫病也醫心

心智或心理（mind）一直是讓人類很好奇又感覺很神秘的現象，而心理與生理的分隔（或聯結）也是哲學家一直在爭辯的問題。認為心理與生理兩者是獨立的或兩者是一體的說法，在西方都可以追溯到公元前五世紀，分別的代表人是兩位古希臘哲學家柏拉圖（Plato）與巴門尼德（Parmenides）。前者認為心智是一種特別的物質或特質，而後者認為萬事包括心智一定都可用物理（physics）的原則來解釋。

在傳統中醫學裡的臟象學說中，心是五臟六腑中最主要的器官，在五行中屬火，為神之居，血之主，脈之宗。而心也是主宰意識的中樞。因此在中醫或許可以說有一些心理主導生理的觀念。這兩派的爭論一直研續到二十一世紀的現在。

近幾年來由於生物醫學知識與技術的累積，才能較明確地定義（甚至定量）心理功能；現在對於認知記憶功能，已可以用腦波或功能性核磁共振（functional-MRI）來量化呈現。腦科學已不再是抽象的心理學，精神病也已

可以用藥物控制，甚至有認知神經科學家在研究用電波刺激腦的特定部位是否可以改進學習成效。

最近十年，心理與生理的關係更受到重視。這來自藥物試驗中必需要用的「安慰劑（placebo）」。安慰劑是一種理論上無治療價值的惰性物質或治療方法，它需要用在臨床試驗中的對照組（沒有真正接受治療的那組）。這是因為早在十八世紀，醫生就發現常常給病人隨便吃些無害的東西，只要病人認為是在吃藥，就會有些療效。

因此現代醫藥研究，在做臨床試驗時必需把這個心理因素取消掉才能正確量化被測試藥品或療方的效果。因此安慰劑就是一個門檻，成為對照組必要的，但病人，用藥者都不能知道，這就是所謂的「雙盲」研究。

所以「安慰劑」有一定的「療效」是眾所週知的。但是直到最近幾年，醫學界才開始認真看待安慰劑效應（placebo effect）這個問題。基本上這是一個很重大且非常有趣的生物現象：安慰劑效應大家都可以瞭解是一種心理作用，因為大家也都知道悲觀憂鬱對身體不好。

但如果安慰劑對健康有正面影響，悲觀對健康不好，那是不是心理會影響生理？

是的話心理生理互動的機制又是什麼？最近幾年的研究結果開始發現神經功能確實可以透過生化物質直接影響人體的免疫力。雖然這是起步，卻也是結合了近100多年生物醫學研究的成果才能讓我們能一窺這個人體奧秘的終極前線（final frontier）。

在梁醫師的這本大作中，他將心理生理互動的問題推上另一個層次。他由行醫多年的觀察及深厚的學術基礎，很成功地提出反過來生理會影響心理的論述。比如他說：「在我多年的行醫過程中，屢屢遇到病患在緩解病痛或生理壓力後，整個外表煥然一新、心理狀態也都大為改變。」進一步探討，他以麻醉師的經驗來說明心理藥物的局限性，進而發現心理的問題實際上常常需要先著手解決生理的病痛。而且「在行醫當中，我觀察到有壓力或情緒問題的病例，都有明顯的生理狀況或自律神經失調的情形。我經過多年的嘗試與摸索後，確信很多人的心理問題雖然有心理因素，但是也有其生理背景。」

梁醫師是臺灣大學農業化學系畢業，之後再考入臺大醫學院完成醫學教育，所以他同時有深厚的學術基礎與醫學的專業訓練，這在本書的論述中可以看的出來。

他以交感、副交感神經功能的學術理論，穿插實際行醫的案例來解釋他的發現，並附以非常有量化特質但簡單易懂的圖表來輔助讀者理解。

簡單的說，交感神經是提供動力（肌肉、器官功能的活動）的刺激，所以會造成壓力，而副交感神經提供在壓力過去後讓身體恢復正常，準備下一回挑戰的機制。因此如果沒有適當的緊繃—紓壓的交互循環，身心的壓力就會越來越大，嚴重時會導至心理與生理的崩潰。

在此情況下，如果能解決生理上的壓力，心理上的壓力往往也能迎刃而解。梁醫師用許多有趣卻能引人深思的案例來說明這些抽象的概念，這是經驗與知識的累積才能有的洞察力（insight）。

更重要的是，梁醫師的文理清晰，言簡意賅，即使需要用專有名詞，也解釋非常清楚，本書可以是科普作品，也有很高的學理。梁醫師自述寫作本書的最終目的是：「要給有需要處理壓力與情緒的人或團體，另一個看待這類事情的角度，並且希望可以提升處理這類問題的效率，進而能回復並維持良好的身心狀況或生產力。」我相信本書無論在學術性及通俗性，都成功的達到它的目的。

分子細胞學博士・前美國哈佛大學分子遺傳研究員
前波士頓大學醫學院醫學教授・現任國立中央大學生醫講座教授
徐洄

見證與推薦

為莫名難治的身心症患者，開啟全新視野

面對壓力與情緒困擾時，人們往往會產生尋找解藥的慾望與行為，但是當遇到壓力嚴重又無法自己解決時，許多人就會求助於心理諮詢或藥物的協助，然而這兩種方法都有其無法根治的盲點。

在醫術學問上日日精研，且誠心誠意關照病友健康的梁恆彰醫師，尤其不忍心看到有壓力或情緒問題的病友頭痛醫頭、腳痛醫腳，經過多年的嘗試與摸索之後，他確信許多人的心理問題雖然有其心理因素，另方面，一定有長期被忽視的自律神經失調情形。

他在書中大膽指出：當我們遭遇到心理事件、內外在環境感受到身心壓力時，都會啟動本能的神經反射，而尋求解決身心壓力的一切行為也都出自於本能。也就是說，不論身心事件的結果如何，都跟自律神經中的交感與副交感神經是否能順利轉換自如，關係密切，因此，當交感神經不罷休，身心症狀因此隨之

而來。

對於莫名難治身心症，有著無法緩解的憂慮、焦躁、情緒失調；肩頸、腰痠等慢性疼痛；鼻塞、腸胃疾病等身體不適；因而長期依賴身心藥物的讀者，相信你在閱讀本書後，必能開啟全新的視野。

中研院生物醫學科學研究所研究員
鄔哲源

見證與推薦

一本找出壓力與能力最佳平衡的寶典

當我拜讀這本書時，馬上有一種急於要和我同事分享的感覺！因為我們的工作性質，大都不是可規劃的例行事務，每次要面對的可能都是突發或因人而異的狀況。如何圓滿解決問題，如何傳道、授業、解惑，對求好心切的教育工作者，是很大的壓力，太需要知道面對壓力的觀念，和如何處理壓力的技巧了！

雖然壓力可說是萬病之源！許多身心病症都因它而起，但也有許多卓越成就是因它才有，很多人在壓力下發揮了未知的潛力。梁醫師在書中教你我去除身心壓力之惡，更建議從善如流接受壓力之好。細細品讀，獲益匪淺！

然而最難的是，究竟要如何達到一個壓力與能力的平衡點？梁醫師提出理想教育訓練模型，當人愈冷靜所表現的能力愈強，這對於需要處理壓力與情緒的個人或團體是很重要的觀念，不但可以提升處理壓力與催生穩健能力的效果，並有助於回復且維持良好的身心狀況或生產力。

不過，如何面臨壓力還能冷靜以對呢？梁醫師在書中分享了處理壓力的技巧，包括：轉移或取代策略、稀釋策略、竭盡策略、中斷策略，並詳細說明各種策略的效用與注意要點。這些紓壓技巧都是人們既有的本能，有的你會覺得似曾相識，有的你讀了之後會恍然大悟。

不論如何，梁醫師的分享是希望大家可以了解後，選擇適合自己的紓壓方式來使用，如果覺得成效不錯，請持之以恆。如此便能回復到健康的身心狀態，就是讀者能閱讀此書的福音了。

相信只要多讀幾次處理壓力的技巧，熟悉且運用它們，讓壓力不再是壓垮駱駝的最後一根稻草，反而是進步向前的動力支柱！更棒的是，這四大項處理壓力技巧，不但可以在日常生活中幫助你自己，也可以幫助身陷壓力風暴的親友。

最後，梁醫師也提醒選擇做任何紓壓方式時，過與不及都不好，尤其要避免產生負面作用。我相信只要隨時有這本書做參考，壓力將不再是壓力，反而會是良好的推動力！在此祝福所有的讀者都能體會到此書帶來的正面能量！

臺大生化科技學系教授　林璧鳳

見證與推薦

處理壓力的新觀念，解除我慢性疼痛

回想2019年11月底，陪同外子陳龍禧到「身新醫學診所」採訪梁恆彰醫師和楊翠蟬醫師。他們夫妻倆都是經驗豐富且值得信賴的麻醉專科醫師。

梁醫師在訪談過程中，細說他對壓力引起之諸多症狀的研究心得，如何診斷與治療。他以獨特的神經調節治療法，來紓緩被壓迫的相關自律神經，解除各種身心問題，如生理壓力、情緒壓力、或因病痛困擾所引起的種種症狀。梁醫師處理壓力的新觀念與治療法，立刻與我產生強大共鳴。

我的身體還算不錯，旅美30多年，雖有健康保險，卻極少看醫生。唯獨左膝的不適，隨著年齡增長，蹲越低就越痛，一眨眼，已十多年不勉強做完全蹲下的動作了。聆聽梁醫師的專業解說後，我決定一試。在梁醫師和楊醫師的精心合作下，用乾針與水針數次紓緩我左膝被壓迫的相關神經後。迎接我的是意外的驚喜和收穫。膝痛消失，我竟可以做蹲下的動作了！

接連我參加梁醫師舉辦的兩次小型免費演講，講題都是「處理壓力的新觀念與技巧」。梁醫師將他多年來對壓力影響身心健康的研究心得和解除壓力之技巧，用生動的簡報與所有出席者分享討論。

今天樂見梁醫師《身心壓力多大，聽心跳頻率就知道》新書出版。非常榮幸受邀推薦此書，在出版前能先閱讀書稿，溫故知新，收穫良多。希望讀者們能從梁醫師的書中，學到處理壓力的新觀念與技巧，減輕與日俱增的身心壓力，而活得更健康更快樂。

舞蹈哲學博士 Texas Woman's University, USA

詹美秀

見證與推薦

壓力讀心術簡單好用，掌握身心壓力的平衡點

梁醫師在醫療第一線服務已逾30年，因為他具備少見的婦科與麻醉科兩項專科，除了治療疾病之外，更懂得傾聽與解決患者身心痛楚；身為婦科醫師問診時，了解許多前來求診的病友，有時因身體、心理的巨大壓力，甚或會有自殘行為或自殺念頭；麻醉專業更須面對手術前焦慮不安，充分處理身體疼痛與後續睡眠消化等等問題，讓他更了解身心壓力的神經與生理學表現。

他融合臨床上多年麻醉專業，運用獨到的心得與見解，深知積極處理身體的痛與不舒服，就連帶減輕了心理的苦。在仁心仁術觀察行醫多年之後，他更感悟現代人常見的身心症問題，絕大多數根源於生理的不妥適，尤其是大腦未曾感知的自主神經系統。

現代人很多的不舒服或疼痛，和自律神經失調相關，但這個被廣泛運用的名稱，我們如何去感知和監測呢？

為此，梁醫師大力推廣以心跳速率（心率）來研判身心壓力程度的做法。他的臨床經驗顯示，此法實用性高達八、九成以上，非常適合用來追蹤治療效果。

許多外表壓抑、看來毫無異狀的人，其實飽受身心壓力之苦，心率研判可以用以區分；心率更因容易測得，不用到醫院或配合檢查，避開白袍症，更能呈現一般生活中的各類影響。

本書無私分享運用心率來感知自己身心壓力的方法。先運用智慧型手機或手錶的監測心率功能，建立自己在以下四種情況下的心率資料：正常的情形下睡醒（包括午睡）未起身的心率、上班前後、休息前後、壓力前後。再以自己的心率狀況為基礎，藉由量測自己的心跳，了解身心疾病或各類壓力對自己的影響，進一步掌握身心壓力的平衡點，重拾健康生活。

臺大癌醫中心醫院麻醉部主任

鄭雅蓉

見證與推薦

壓力、情緒和生理神經如何互相牽動？看這本就懂

常聽週遭的親友或是同事隨口發牢騷說壓力好大！但何謂壓力？如何量化？什麼叫做壓力好大？一直不容易有個量化的基準，每個人的臨界值也不相同。甚或同一個人在不同的時期時間點，對於壓力的忍受度以及臨界值也不盡相同。

壓力的來源眾說紛紜，可能來自心理因素（例如得失心、人際關係、外在環境、不愉快的經驗等）、也可能由於生理因素所引發（例如身體有病痛時會較為缺乏耐性、無法聚精會神思考推理等）。兩者也都有相當的擁護者與數據支持，實際上則是兩者互為因果關係，盤根錯節。例如，頭痛（生理因素）時會缺乏耐性造成脾氣暴躁，容易做出欠缺周延思考的決定，導致工作失誤或是進度的延遲，衍生工作成果成敗的壓力（心理因素）。

梁醫師以其行醫多年的臨床經驗與治療成功案例的門診案例，嘗試建立一模型來統合解釋壓力、情緒與生理神經作用間的連結。梁醫師以生理機能與神經

作用的角度去看待受困於情緒壓力且藥物療效不佳的病患，歸納出心理問題往往根源於生理現象失調的結論。

此結論顛覆了傳統精神分析為主軸的心理學觀點，開創一截然不同對待的情緒壓力問題的觀點，提供給大眾另一個角度與切入點來看待這類問題，亦即生理背景下的情緒失衡概念。

梁醫師認為現今心理學在臨床上討論人的情緒與壓力問題時，往往太偏重心理分析與追尋心理問題的源頭，因而忽略了生理作用的相關影響因素，對於近年採用控制神經傳導藥物的療法所衍生的副作用（例如恍惚失神、成癮、心跳血壓異常等）則深感困擾。他透過人體神經系統中的自律神經系統（交感與副交感神經系統）出發，闡述維持生命基礎運作的副交感神經系統以及面對外來刺激反應的交感神經系統兩者之間的協調運作，當兩者無法順利切換時便容易產生相對應的情緒問題。

因此，心理問題自當為自律神經失調所衍生的不良效應（症狀），而非造成症狀的核心問題（病因）。在治療過程中若未能對造成症狀的核心問題進行診治，而只是針對症狀提出解決方案，症狀只能暫時被消除，並無法有效解決病症。梁醫師以生理觀點解釋壓力情緒問題的可能病因，釐清傳統心理觀點的可能盲點，以協助病患恢復生理能力為首要工作，協助患者重回由副交感神經帶動的平靜的體驗，亦即副交感神經活躍時在心裡上祥和喜悅的感覺。

筆者自大學求學期間便與與梁醫師熟識，對於其清晰的邏輯推理以及對事物的獨到見解是發自內心的佩服。本書是筆者所讀過探討身心問題的書籍中，最為淺顯易懂且合於邏輯推論的一本書，避免了許多艱澀難懂的醫學專有名詞用語，對於理工背景的筆者，讀起來毫無困難。

本書也是梁醫師行醫多年臨床經驗研究的成果與心得，尤其在整合疼痛醫學並應用於治療身心壓力疾病方面的獨到的見解更是令人折服，書中不僅呈現其優秀精湛的醫術，其正本清源的治療策略考量更顯現其仁心仁術的胸懷。

期盼梁醫師此一對待情緒壓力問題的嶄新觀點能藉由本書讓更多人了解並受惠於其內涵，重回平靜的初心，享受平衡身心狀態的高品質生活！

成功大學水利工程學系教授　戴義欽

提供教學現場發現及判斷孩子身心狀況的重要依據

梁醫師為人熱情爽朗，好學深思，富有研究求真的精神，在許多領域都有所探究，是筆者相交超過30年的好朋友，更是家人在健康醫療方面最佳的諮詢對象。

擁有理學背景以及麻醉與婦產兩個專科的深厚學養，再加上多年執業的臨床經驗，精益求精的梁醫師在疼痛醫學及治療身心壓力疾病方面有獨到的見解及優秀精湛的醫術，更重要的是在診療時他是全面性的考量病人的整體情況，以期正本清源來進行最妥善的治療。

之前88歲的岳父因多年前車禍受傷治療，當時小腿植入鋼釘的位置開始疼痛，影響正常的行走，在中部求診多時不盡理想。我們請梁醫師為他治療，經過梁醫師細心的腿部針療後，先觀察岳父走路的姿勢，又在股部進行針療，治療過程結束，岳父要上廁所時，只見老人家立即邁開正常的步伐，不像先前只能跨出一小步一小步的走，讓我們對梁醫師精湛的醫術驚嘆極了！隔天岳父不依靠拐杖，自行走了兩公里開心的去速食店買速食享用！

去年內人因飲食不潔急性嘔吐不止掛急診，醫院發覺有感染現象收治住院，在用藥治療病情穩定後，卻仍嚴重脹氣，腹部非常難受不適，斷斷續續的腹瀉兩天不止，護理師表示可以服用止瀉藥，但可能會變成便秘，無法順利排便。

正當我們不知如何是好時，向梁醫師求助，梁醫師說脹氣疼痛使得周圍肌肉痙攣，身體無法放鬆正常運作，替內人針療並教導適度的動作，三、四小時後她就開始不停排氣，緩解疼痛不適，整個人都輕鬆舒服了，後續的治療也更順利。若沒有梁醫師的治療，還不知要忍受多久的疼痛不適。真是太感謝他了！

梁醫師如今要將他多年研究的醫學成果付梓出版，對社會真是一大福祉！尤其他對身心壓力的疾病有深入的研究與心得，他告訴我們當患者身心狀況不佳時，心跳速度是重要的徵兆，決定患者當下的情況是否危急必須要及時的處理，這也讓我們在教學現場，面對有身心狀況的學生時有一個重要的判斷依據。

梁醫師的研究認為生理現象同樣可能引發心理的疾病，因為身體的疼痛不適可能造成過大的壓力，導致心理無法妥適的處理生活的事務。

友人的孩子在短期內不幸骨折兩次，原本正常的孩子忽然就出現了身心症，在梁醫師悉心的治療後，情況終於轉好穩定。在教學現場中目前學生因壓力拒學的例子增多，而求診服藥後仍有許多人無法適應上學的生活。衷心期盼梁醫師的心血成果能藉由此書推廣他的新觀念，讓更多人受惠，擺脫病痛與疾病，擁有健康的身心！

師大附中物理教師
戴仁欽

一杯冰水，改善孩子睡眠品質

2019年3月，我們帶著嚴重情緒困擾的兒子到梁醫師的診所，醫師用溫和的笑語舒緩了孩子的緊張，等他穩定下來才開始測量心跳，測得一分鐘心跳破百次！

過去一年多，我們帶孩子尋訪幾個諮商診所，從未在看診時測量心跳。接著，梁醫師用幽默感瓦解孩子心防，讓他願意開口回應問題，聊了一會兒再進行扎針治療，針扎完，和藹的醫師娘給孩子一杯氣泡冰水，還叮嚀我們每晚睡前要記得給孩子喝一杯冰水，我們感到有些狐疑，這與中醫向來避免冰品的保養說法截然不同，但當梁醫師說明他獨特的療法之後，大大衝擊了我們的認知。

梁醫師說「心率」是最有效率的心理指標！

孩子自律神經失調嚴重，本該是竇性緩慢每分鐘心跳不到70下的人，卻長期持續在每分鐘100次以上，這說明他連晚上該好好入睡時，大腦還在不自主快速運轉，沒有一刻停歇；當別人都在沉睡休息時，他卻整夜像跑百米衝刺般，耗盡心神與體力。

梁醫師告訴我們，睡前喝冰水可以讓過熱的腦袋降溫，有助於改善睡眠。這番說明給了我們當頭棒喝，直到那一刻，我們才真正體會孩子的痛苦之深，更為此感到萬分愧疚不捨。

一年多來，每晚就寢前，孩子總是害怕不安，感覺有千百個思緒糾纏著他不讓睡覺，非得要人陪著一直聊天講話到筋疲力竭為止，擔憂著隔天一早要工作的我們無法同理他的情緒，總是在耐心耗盡時對孩子責難生氣，當他含著淚眼勉強入睡時，已經深夜兩三點了，惡性循環的結果是早上叫不醒，也就無法正常上學。

原來，害怕睡覺是嚴重的自律神經失調，生理的折磨導致了心理極度恐懼，若能早一點得到醫師的提醒，孩子可以減去多少痛苦啊！

梁醫師提醒我們，只要掌握好孩子的生理狀況，斷開壓力源，心理也會得到相應的改善。每天督促孩子規律作息：「早起、運動、看太陽！」，而且要常常帶他吃美食，只要人的食欲還不錯，就是對生存有眷戀，這也可做為父母判斷孩子是否有自殘傾向的依據。

回想以往，要在諮商師面前說出內心的深沉痛苦，孩子總是相當抗拒，談話式的心理諮商對他效果不彰，但梁醫師善巧的診療方式卻很適用，不需要刻意挖掘心底的苦楚，透過身體的觀察即可解開病人的情緒密碼，再提供有效的紓壓方式，逐步找回身心的正常規律，如此智慧與悲心兼具的療法，孩子非常受用，令人印象深刻！

２０１９年９月，孩子升上國三，又開始有飲食不佳、睡眠不安的現象，本以為是升學壓力所致，我們再度求助梁醫師，測量心率後並未發現異常，但在我們說明孩子暑假因為雞胸矯正戴輔具後，醫師用手觸壓孩子的肋骨，判定十二根肋骨已有十根發炎，發炎是影響睡眠的主因，還推測他戴輔具時應該合併呼吸窘迫的不適。

換言之，此次並非心因性的自律神經失調，而是外力過度壓迫所致，梁醫師建議停止使用沉重強壓的輔具，改採合宜的重量訓練來增強胸背肌肉，如此既可減輕胸骨的不適，又能塑造優美的身形，一舉二得。

孩子聽了醫師的建議，樂得脫下枷鎖般的輔具，後來也因為規律的重量訓練增厚肌肉，就不那麼介意雞胸的問題了！梁醫師總是以敏銳的觀察及靈活的思維替病患找出癥結與療法！

心理治療的理論各異，方法繁多，要找到真正適合自己的卻不容易。長久以來，梁醫師憑藉大量研究與個人洞見，創發出一套獨特新穎的療法，強調自然，重視直觀，避免藥癮，最好能防病於未然。

在孩子多次求診中，我們有幸親見梁醫師行醫的理論與實踐，我們都任教於中學，孩子正處於青春期，因此深感梁醫師心理治療的新觀念與技巧，非常適合推廣給中學教師與家有青少年的父母，此書的出版，是梁醫師智慧與悲心的展現，書中的觀念，必能為情緒困擾者提供一帖解除倒懸的良方。

新北市福和國中教師 

台北市景美女中教師 

見證與推薦

打破身心科治療盲點，為心病找解藥！

在1986年的夏天，我搬進臺大醫學院男二舍907室，這是和梁醫師結緣之始。熱情活潑、辯才無礙的梁醫師，對許多事情有追根究柢的精神，讓我們幾個學弟得到許多課堂以外的知識。退伍之後，我轉進法律系讀書，執行律師業務，一晃30多年過去，梁醫師和他的夫人楊翠蟬醫師，一直是我們一家人生活、運動和健康的良師益友。

「生理影響心理，心理影響生理」這是小學健康教育課本教導我們的內容，但早年從週遭家人朋友的生活經驗，看到有嚴重生理問題的人如頭暈、胸悶、失眠、疼痛……，在查不出病因而被宣告為「沒有病」之後，求助於身心科進行治療，開始長期服藥但無法恢復健康。

也就是說，經由身心科的治療，似乎難以讓體內的生理秩序恢復常軌，那麼，是否能夠反其道而行，先治療生理的異常，再讓心理狀況回復健康呢？

當然，不同的醫師治療方法各有巧妙，梁醫師的治療重點在於先紓解生理的因素，再來考慮心理的影響。因為有很多心理異常的表現，背後其實是生理異常造成的。如何紓解身心的壓力呢？

梁醫師使用的主要方法有二，一是醫療上以疼痛治療與神經調節為主軸的治療，二是本書所提到非醫療的紓解技巧與監測方式。在梁醫師和楊醫師長期的臨床治療經驗中，看到一個人身心失衡時，心理因素有較高的比例是隱藏性的，時常被顯著性的生理問題遮蓋了；只有當病人的生理問題緩和之後，才能平靜下來面對自己的心理問題，進行解決。

梁醫師的治療模式，印證了健康教育課本所說生理、心理會互相影響的正確性。我有幸與梁醫師結緣，家人和朋友受到梁醫師夫婦的照顧，得以過著健康快樂的生活，近日得知梁醫師將多年臨床服務及研究心得集結發表，並受到梁醫師的邀請為本書做序，覺得很榮幸也非常高興。希望這本書能幫助更多的人，走出灰暗的幽谷，看到晴朗的天空，活出快樂的人生。

益思科技法律事務所律師　劉承愚

見證與推薦

改善自律神經失調，揮別心悸、手腳無力

2016年4月起，一向健康的我，心跳、血壓竟然會突然飆高，嚴重的心悸、冒冷汗、手腳無力等症狀，影響了我的工作與生活。

曾經在睡夢中因嚴重心悸而驚醒，在寒夜中趕赴醫院急診；也曾經在開車時，突然心臟不舒服，只好將汽車開至附近派出所，請求員警代管車輛，以便轉搭計程車到醫院就醫。

讓我最困擾的是，身為律師，法庭攻防是非常重要的時刻，但開庭時若無預警的發作，就必須在說話都吃力的情況下撐著開完庭。其他時候，例如散步、用餐、在高速公路駕駛，甚至打坐，都曾經發生身體忽然不適。凡此種種，著實讓我倍感壓力。

對於這些病症，歷經幾次X光、心電圖、24小時心電圖、運動心電圖、心臟超音波、血液檢查等等，都找不出原因，心臟科醫師只好建議我隨身攜帶心律

錠，於不舒服時服用，服用後症狀若無緩解，再到醫院就醫。在此狀況下，以往喜歡的登山、跑步等運動，也就變得不太敢從事。

找梁恆彰醫師看診，其實是無心插柳。

2020年1月我第三次陪家人去看肩傷所致的痠痛，與梁醫師聊天時，偶然提到我的心臟問題，梁醫師隨即拿出指夾式脈博血氧計幫我檢查，當儀器顯示在如此平和的氣氛下，我當時的心跳還高達每分鐘99下，梁醫師似乎已經瞭解我的狀況，並表示要幫我治療一下。我在治療過程中，很快就產生一種平靜的感覺，此時梁醫師再幫我測量心率，已經降到78左右。

第二次治療後，我發現原本一天的心率，可能低達50幾、高達100多，且與當下所從事的活動不相符，但僅治療兩次後，一天的心率已不再如此極端，血壓突然升高的頻率也有降低，原來以為的「心臟病」也就明顯改善了。

根據梁醫師的解釋，我可能是長期工作壓力造成「自主神經失調」，原本並無心臟病，但外顯的病徵，又強化了心理壓力，長此以往，很可能最後會產生生理疾病。

目前我大約一個月接受一次治療，同時和梁醫師討論一些保健、運動的觀念。

梁醫師對於自主神經失調的處置新方法，讓我對自己的身體、心理狀態有更深刻的理解。我經由親身體驗，見證了這個奇妙而快速的治療過程，可以說是獲益良多。

律師
何兆龍

從減藥到停藥，世界上沒有必須吃一輩子的藥

凋零的落花，殘敗之軀，得以重新啟動、再度燦放，身心煥然一瞬間，令人不可思議！

因罹患躁鬱症，情緒不穩、飽受藥物控制之苦，被禁錮多年，終於恢復了自信，勇敢向世人宣告：我得救了！

神經導引、針療法，不過就只是幾支小針，僅僅6次療程，沒痛沒感的，像是蚊子釘咬般扎個幾下。世界上真有如此神奇的事嗎？

一顆長達17年的身心症——「癲癇劑」，著實把我變笨！經由梁醫師的「針療」給徹底戒斷。這顆藥長年以來，對我死纏爛打，因為對它產生依賴，而痛苦無比。

雖然一天就只有一顆，但「吃比不吃還難受」，導致工作、生活上都大受影響，它雖然只是一顆小小「乖乖藥」，卻是日以繼夜深深腐蝕我，搞得整個人身心俱疲。

我何其有幸，能徹底戒斷這顆白色藥丸子，簡直天方夜譚！特別感謝，一年半前老天爺巧緣安排，並叫我「相信」！

梁醫師仁心仁德、妙手回春之術，絕非三言兩語可道盡。我這已被鎖死的大腦、了無生趣的殘敗之軀，在梁醫師來講，竟只需像電腦般重新開關啟動。小小動作影響我的後半生，讓我重新找回活水泉源，對未來重燃生機、充滿盼望。

在職場上，我原本是新竹地區的藝文活動公關策劃能手，為人人所稱羨。獨特創意的點子，總是跑得比人家快；在舞台上所呈現出，更是亮麗光鮮、相當活耀，擁有諸多媒體報導為「風城才女」及佳評口碑。

您相信嗎？凡是看過我拿起麥克風主持文康活動時的場景，很難讓人忘懷。我所憑藉的，是少人能及而獨樹一幟的台風魅力，擄獲了觀眾們熱情掌聲迴響和喝采。

但一切的一切，在幾經風霜摧殘之後，活生生地，我反而變成一個人見人不愛、眼光呆滯、了無生趣又毫不起眼的路邊小婦人，就連多年不見的老同學，見了面都快被認不出來，真是教人難堪、委曲至極。

欣聞梁醫師出版專書，謹此聊敘分享個人脫繭蛻變的心路歷程，祈盼有緣人同享潤澤福蔭，早日脫離泥沼，讓自己也有能力拉人一把，與梁醫師並肩救贖世人、離苦得救。

台灣第一齣音樂歌舞劇「棋王」演員
台藝大新竹校友會執行長・台灣新生報藝文記者
黃湘芬

見證與推薦

我所認識的梁恆彰醫師，不開藥也能治病

「Master 梁！」我常這樣稱呼 Doctor 梁。

因為在我心中，他是醫師中的大師！

他是梁恆彰。

猶記我們認識一、二年時，內子初懷犬子，我們在梁醫師診所分享喜悅，他似乎比我更開心，主動要求幫忙照超音波，至今仍難以忘懷那日的心情，讓我與嫡長子王者初次見面，在超音波照片裡，在他的診所裡。沒多久，孩子出生了，我們也搬離了原來的城市。

近兩年春，內子收到梁醫師、楊醫師伉儷回台北定居的消息，朋友是老的好，我們又重逢了。20年的老友，才知這些日子以來，除了婦產科及麻醉科之外，Master 梁又致力研究神經傳導學，對人體一般常見的疼痛醫療頗有心得。

當時，心肌梗塞病危裝支架，免去向閻羅王報到的我，已有4年半左右，心

臟雖然還在跳，卻因此緊張焦慮恐懼，引起胸痛已久。聊到此，梁醫師又主動按按我身上的幾點之後，幫我無藥治療了一次，而就那一次，出現了許久未見的舒服與胸口的輕鬆。因此，Master 梁的稱號便由我脫口而出。

不久後，我開車回台中掃墓，北返時在高速公路上駕駛，忽然覺得右手無力，若不是中風？還能是什麼？我愈開愈慢，立馬下最近的交流道停車，甩手、抬肩、深呼吸，稍作休息，才又開回家裡。第二天找梁醫師，訴說昨天的驚恐及症狀，他仍按按檢查，問我痛不痛？痠不痠？並對我判斷並非中風前兆，安心無藥治療後，右手繼續開車寫字至今，沒有再復發過。

Master 梁辦了好多場醫學講座，我也都在場，說是好心幫朋友主持暖場，倒也可以，但我更開眼界的是，講座之後，他每每開放現場聽眾上來試試，每個人的症狀雖是難易程度不同，他卻屢屢兵來將擋，現場義診，有的按肩，有的按腰，有的按背，再問病人感覺，只見個個驚呼好了一半以上，真是來到賺到！

這就是我見識到的無藥醫療！

老朋友之間會分享他的成功醫療案例，某位日本鋼琴演奏家因病無法再彈琴，復健多年無效，已是放棄人生，後來找到梁醫師，經過幾次治療，又要再開演奏會，像這類的 Case 每每聽到都心生喜悅。

欣逢梁醫師新書問世，我不但願在廣播節目動口宣傳之，更願意動筆背書，好事傳千里。

相聲大師、廣播主持人

見證分享

作者序

身心壓力，就先從身體醫治吧！

多年來，我就對身心壓力有自己的個人見解，也有很多臨床經驗，但是我寫這本書全是一個機緣。

話說正巧幾個月前，從朋友得知他學校裡偶發無預警的自殺事件，個案並不在友人的追蹤名單中。從言談中我得知，這種不知何時何人引發的突發事件，給眾多老師很大的心理壓力，因此觸發我一個動機，想要將我的想法製作成演講投影片，介紹我潛心創研的心理壓力之生理模型給老師與學生。

人的本性就是傾向隱藏自己的核心問題，所以傳統的詢問或問卷費時費工，並不能迅速有效地發覺問題；另外，傳統上心理問題的描述通常混雜心理分析的艱深論述，讓心理問題好像是神秘不可測的問題，人們即使好奇，也因為神秘而難以探究。

民眾莫以為只有精神科醫師才懂心理或精神問題，事實上，除了其他各科看診的醫師要不斷面對形形色色的病患壓力之外，就連平常不看診的麻醉科醫師也要面對病患手術前的各種壓力反應，並且給予手術前的安撫與處方。還有很重要的一點是，多數醫師因為沒有包袱，在他們行醫過程中因為與病患不斷互動，可以更有創意的發展出自己的見解與做法。

心理壓力都是有生理徵兆

在我的臨床經驗中，就發現許多心理壓力或事件其實是有生理徵兆的。在這些徵兆中，我覺得心率與體重的變化容易取得，而且也是最有效率的訊息。如果病患的心率現狀有異、或者體重有明顯波動，都是病患可能承受某種身心壓力，即使一時檢查正常，也須提醒他們注意。關於心率與體重的關係這方面，也早有大量的醫學研究討論。

身體的疾病有種種先進的檢查可以查個水落石出，但是心理壓力的狀態實在沒有其他的儀器幫忙監測，因此，如果大家熟知體重與心率的意涵並予以運用，也許可以更有效率地將部分潛藏的個案發掘出來，並且將追蹤或治療結果予以數量化。另外，我也整理了我所觀察到與臨床上常運用的處理壓力四大策略，整理成要點告訴大家，同時也提醒個別紓壓策略的注意事項。

在現代的醫療中，身心問題占了很大的部分，但是以藥物為主，以心理諮詢為輔的醫療模式並不適用所有的個案，尤其是在學生階段有可能受藥物作用而影響學習，同時有問題的學生也不見得願意說出心裡深處的話。另外，有些個案其實也沒什麼天大的秘密藏在心裡，只是因為情緒失調而被認定是有心結所造成。大家都知道，有時候只要把生活方式調整一下就好了。

演講是在２０１９年11、12月之間，在我的工作室舉行，對象大多是老師與台大學生，雖然到場的人數不多，但是發問的情形熱烈，有幾位參與者聽了之後覺得很新鮮，他們不約而同地說：沒聽過身心問題也有這樣的說法，因此建議我寫成書，讓更多的人可以接觸到以往不同的看法。

解開身心壓力之鑰，就在你身上

這本書的內容大致可以分為理論、技術與操作三個部分，理論的部分是用來說明我以生理變化解釋心理壓力的模型的產生與運用，這部分對於沒有生理與科學背景的讀者可能相當生澀，如果能夠先聽過我演講這部分讀起來就輕鬆多了。初次閱讀讀者，可以跳過這個部分，先看看技術面與操作面，其實我也是先累積了技術與操作的經驗，然後將它們整合成模型以解釋現實的狀況。

至於處理壓力的操作部分主要是分享監測心率的應用，以及我的臨床運用經驗，這樣的操作不僅可以運用在對自己的身心狀態的追蹤，也適於對身邊的人的身心狀態的即時評估，雖然這樣的檢測可以達到85％以上的效力，如果行不通或許您需要耐心的尋找其他方式。

處理壓力的技術部分，是我綜合多年協助病患的經驗歸納所得，這樣的整理是為了提供系統性的自我壓力管理技巧，目的是減少摸索與誤入歧途。讀者可以感覺部份似曾相識，因為那都是我們本能之一，人們也多少曾經不自覺地採用過，讀過之後應該可以更清楚而有自信的採取對應的方式。萬一找不到對您有幫助的內容，也不必灰心，還有很多其他的選擇。

最後，我誠摯地希望可以幫助讀者更積極且科學地面對生命中的種種壓力，因為大多數人的身體裡早已有解開壓力的鑰匙，何不試試看？

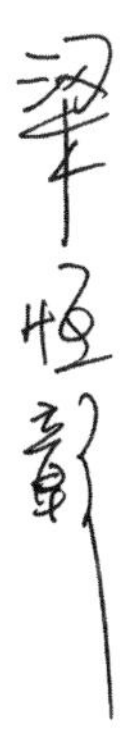

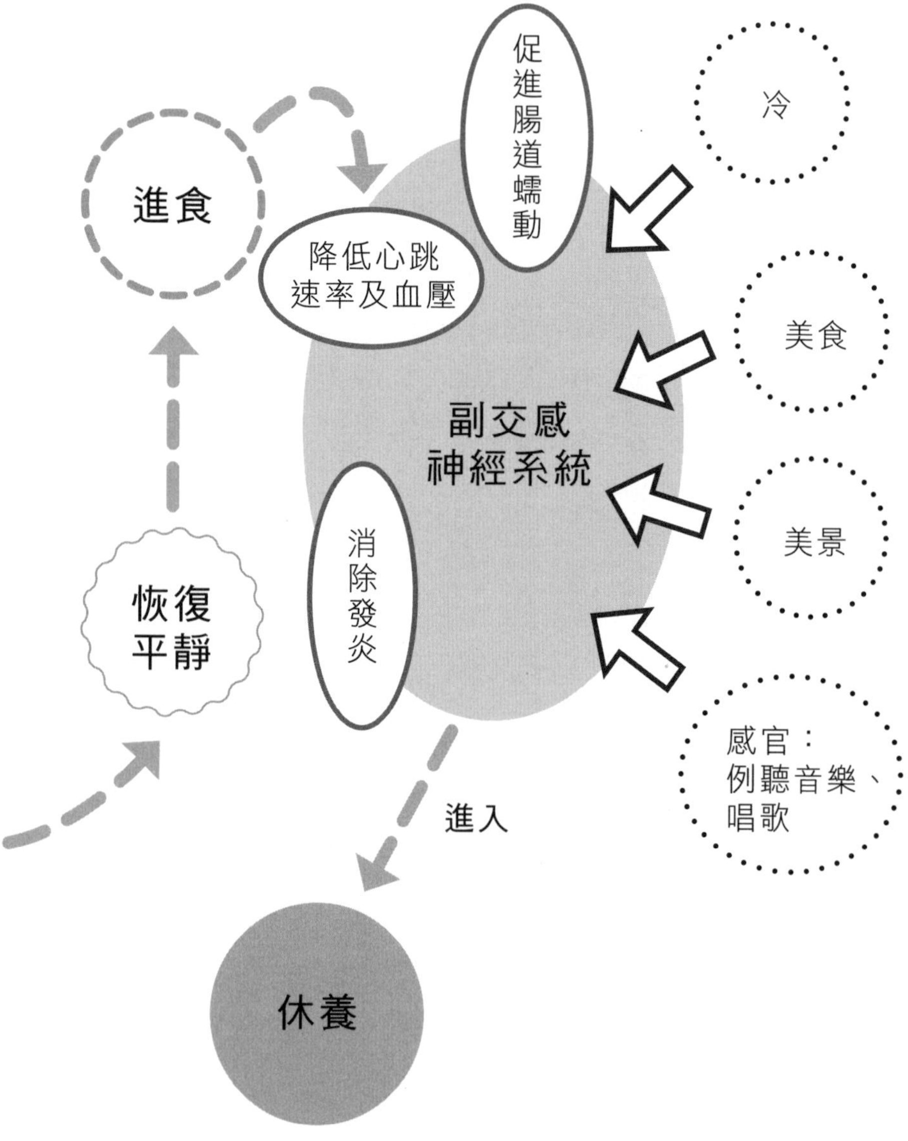

促進腸道蠕動
冷
進食
降低心跳速率及血壓
美食
副交感神經系統
美景
消除發炎
恢復平靜
感官：例聽音樂、唱歌
進入
休養

圖解自律神經系統的運作

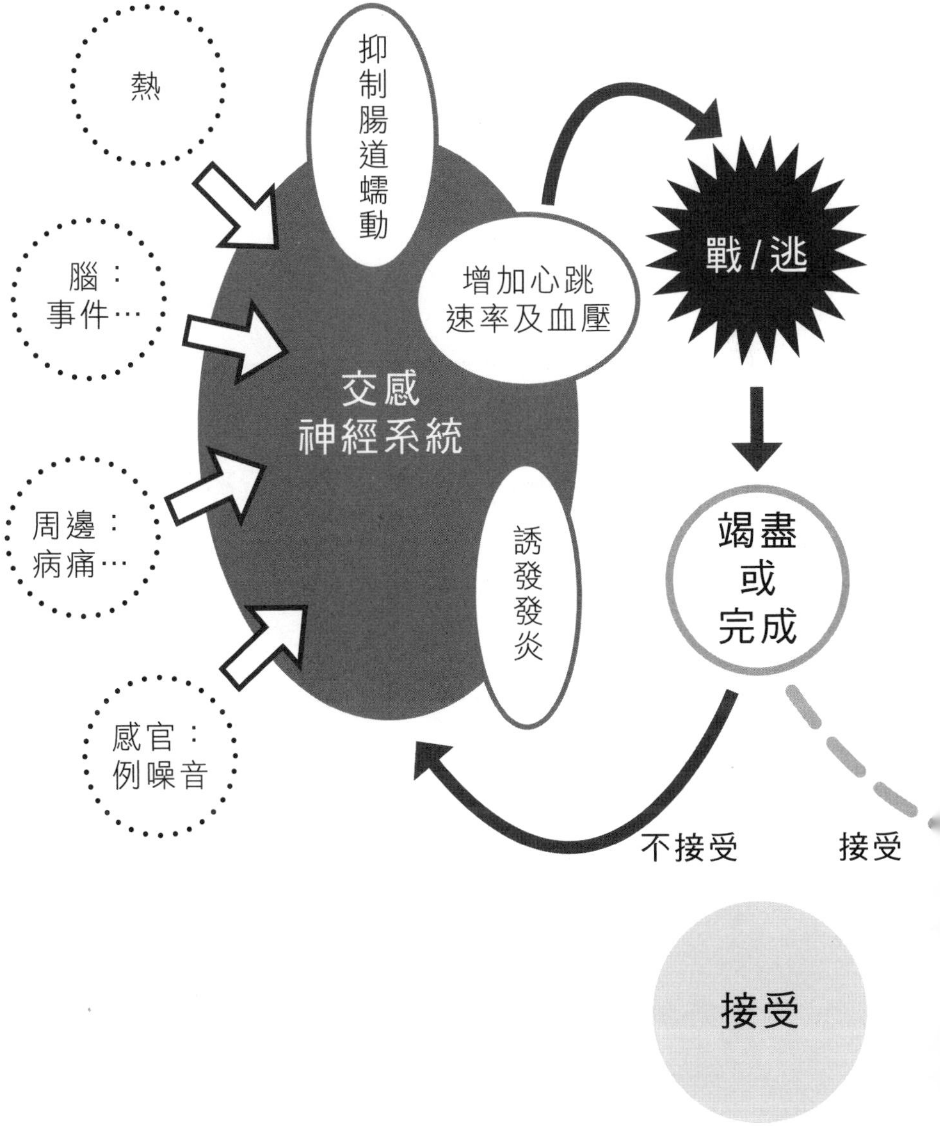

② 當休息不夠或其他因素，使自律神經無法從興奮回復到平靜狀態時，能力就會遞減。換句話說，休息愈不夠，能力振幅愈小，就會引爆過勞情緒。

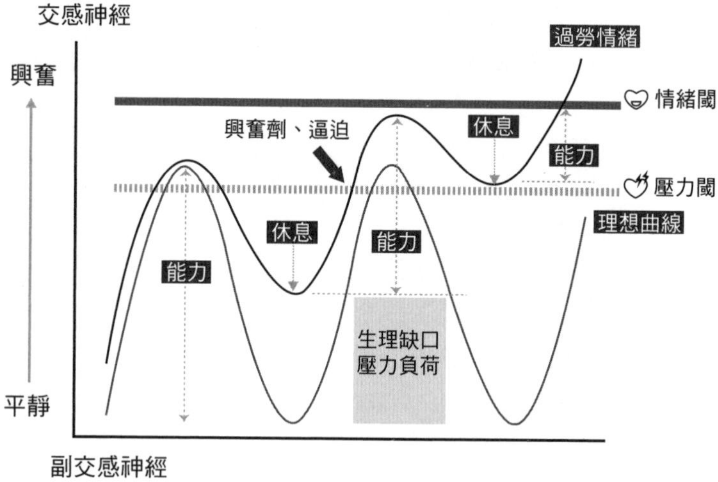

秒懂自律神經失調

① 理想的日常能力表現，應該是每天工作（上課）時，自律神經從平靜開始，逐步進入興奮；下班（或放學）後，再從興奮逐步回復到平靜。

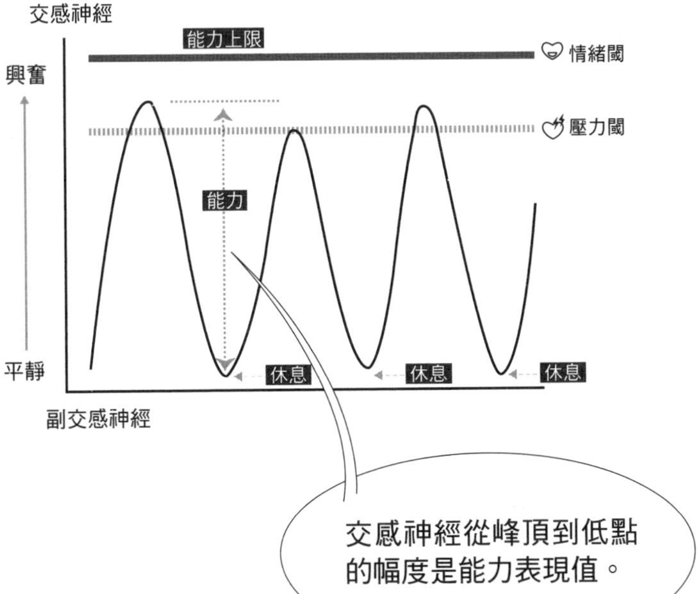

情緒閾指的是會開始產生情緒波動的界線。壓力閾指的是交感神經興奮到某程度，會感覺到壓力或疲累。

③ 許多上班族（學生）情緒失控、壓力爆表，不是他們不夠努力，而是因為執著於追求成功（成績），以致身體長期處於自律神經興奮狀態，沒有足夠的休養生息，讓自律神經回復平靜。

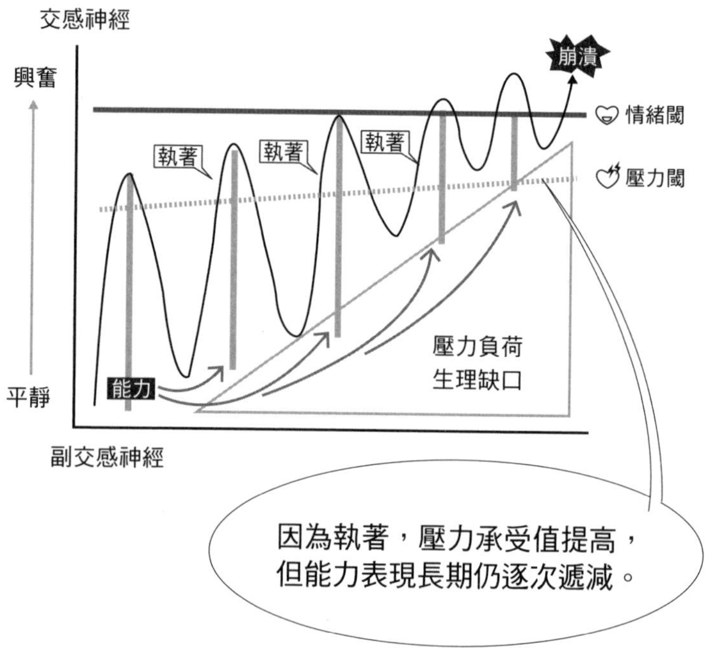

換句話說，情緒失控，是太努力了！

寫在前面

身心壓力新觀點：

無法量化的壓力，不再難以捉摸

壓力會引起情緒與身體症狀

現代人最常感覺不適的原因，往往是心理壓力（簡稱壓力）造成的。但是，心理壓力是什麼？怎麼測量？

醫學上並沒有明確的定義，也沒有正式的檢查，只知道它可以單獨或同時表現為心理上或身體上的症狀。心理上，可能只是心情不好，或者有明顯的症狀，例如焦慮或憂鬱；身體上，可能只是覺得疲累，或者有明顯的心悸或發抖。

另外，我們也知道壓力終會引起更明顯的情緒與身體症狀，也就是身心問題，但兩者的關係究竟是如何？應該如何處理這些問題呢？

除了少數器質性的精神疾病之外，通常對於心理壓力或情緒問題多少指向人際關係或引導至心靈方面，這可能是人們對於問題會本能的找一個解釋，這時候首先想到的是周邊發生的人事物或環境造成的影響。

把心事談開來解除心結，似乎是一般情形下最好的選擇，但是有時候到處訴苦、或者潛心修行的結果，似乎心中的石塊還是沒有全放下來。

我年輕的時候，覺得心理問題有點玄虛難以捉摸，也覺得心靈是在肉體之上。

然而，身心壓力與情緒是人生中時常會面對的狀況，而且，我門診中大部分的病患，也幾乎或多或少有這樣的困擾，甚至難過到產生厭世的心理。

壓力和情緒，可以透過模型捕捉、預測

在多年的行醫過程中，屢屢遇到病患在緩解病痛或生理壓力後，整個外表煥然一新、心理狀態也都大為改變。不禁令我好奇，究竟是心理引導生理？還是生理主導心理呢？

在本書中，我將自己對於壓力與情緒的生理觀點整理出來，希望能給大眾一個全新的角度去看待這類問題。

對於身心問題，我嘗試建立一個模型來統合並解釋多年來在行醫中所遇到的種種案例，模型的好處是將壓力與情緒的抽象描述予以具體化，一方面會比較容易理解，另一方面模型也可以進一步作為預測，如此一來壓力不再虛無飄渺，這樣對於規劃訓練課程主事者，以及工作或課業安排者，在處理壓力與情緒時，

有一個可以依循的方向（見第一章）。

模型化的嘗試是一種挑戰，因為模型必須建立在現在已知的醫學知識之上，然後設立假設，將抽象的壓力、能力與行為具體表現在模型之中並做出推論，最後再用我所知的許多案例與文獻資料來一一驗證。

我知道，這樣的模型會遇到不同的見解，但是我最終的目的是要給有需要處理壓力與情緒的人或團體，另一個看待這類事情的角度，並且希望可以提升處理這類問題的效率，進而能回復並維持良好的身心狀況或生產力。

心理問題的根源，就是生理現象

身為婦產科專科醫師，我面對的患者以女性居多，女性比男性更願意坦白面對她們的身體與心理問題，並積極尋求解決之道，也因此女性自殺率遠低於男性（約一：二）。的確，在我的行醫過程中，有不少病患有心理壓力問題，甚至嚴重到有自殘行為，或有自殺意念。

同時，我也是麻醉專科醫師，基於對神經與生理學的運用，讓我在面對手術前焦慮或身體疼痛問題的患者，在臨床上有我自己臨床經驗與治療成功案例累積所得的見解。

長年累月，我慢慢養成自己擅長以生理與神經作用的角度，去醫治病患的各種問題，舉凡疼痛與自律神經失調問題，包括情緒問題與過勞現象，不論性別、年齡大小、社會地位高低、資賦優異或精神障礙、運動或音樂人士，都有我醫治的獨到心得。

尤其，對那些受困於壓力與情緒又不能適應藥物治療的人，甚至需要做藥物戒斷治療的患者也很成功。

與各種病患接觸的多年經驗肯定，我深深發覺到：心理問題絕大多數根源於生理現象。

尋求解藥是人類本能

動物天生有自己找解藥的本能。面對壓力與情緒困擾，人們同樣會產生尋找解藥的慾望與行為，我們會直覺的想喝個什麼，吃點什麼，或做點什麼。

想要提振精神，那就來杯咖啡或茶，要不就吃一點維他命；或者喝杯酒放鬆一下，也可以利用假日出去運動，或到處走走；或者留在家裡聽音樂、看電視也可以；要不然就出門，找朋友聊天敘舊，順便吐一些苦水。

遇到壓力過大又無法自己解決時，就可能會求助心理諮詢或藥物的協助，但通常到了這個時候，很多人已經有了明顯的情緒問題，甚至有輕生的念頭。

我認為這些種種念頭或行為，其實都是為了解決身心壓力的本能之一，我將這些行為的利害得失加以分析歸納，希望大家可以善加利用，然後可以減少這類的困擾。

探討心理問題，容易陷入誰對誰錯的暗示

佛洛伊德、阿德勒或榮格等精神分析學派，各有其邏輯假設的基礎。但是，太抽象的精神層面的討論，很難讓一般人可以具體的理解精神問題。

雖然現代心理學的研究，是以科學的方法去探討腦神經與行為的種種關連，但是臨床上對於人的心理問題，還是偏重以心理分析的角度去解釋各種感覺或行為。

如果對於心理問題的認知侷限於心理層次，在討論人的情緒與壓力困境時，難免會忽略生理因素，而只是極力追尋產生這些問題的心理源頭。

這些心理源頭，當然是相關的人、事、物、環境與其代表的事件。無形之中，對於現在與過去事件的探討中，不可避免地涉及誰對誰錯的暗示或批判，因為設定問題之後予以討論，就已經設下追究對錯的暗示，如此一來，就會衍生出「是誰闖的禍」的疑問。

別將自己的壓力，投射在家人身上

我遇過不少案例，在心理治療過程中，逐漸地對家人投射不滿的情緒，甚至產生莫名仇恨的情形。這是因為如果一開始就對求助者追究情緒或壓力問題產生的責任，那麼與求助者的討論幾乎無法繼續下去，往往無可避免的在檢討現在與過去的事件中，其他被聯想到的人事物很容易被納入檢討的名單，最後甚至成為闖禍的嫌疑犯。

即使諮商師、心輔師等主持人保持冷靜與中立以避免爭議，但是當事人並不在相同的心理狀況，還是很容易自我暗示而將其他人列入黑名單，而家人與之最接近、互動最多，難免有些許磨擦，因此幾乎都要對號入座。

此外，求助者或主持人通常都希望能有效緩解求助者的心理壓力或情緒，而藉此轉移或分散心理壓力，比較容易達到紓壓目的下，因此這樣的發展並不令人意外。

其實家家有本難念的經，不是所有的家庭都有相同的條件；相反的，相同條件的家庭，卻會發生不同的狀況。也就是說，有家庭社經條件太好，造成心理壓力；反之，社經條件不佳也是心理壓力，有的抱怨父母要求太高，有的抱怨父母都沒空管。

真正的問題不是家庭或父母的好不好，而是當家人發生問題時，以結果去找原因，就像先射箭再畫靶。雖然合理，但是不見得符合事實。更何況，基於人性習於轉移壓力的個性，這是一個最容易被接受的方式。

出發點是找原因然後對症下藥，但是如果操作不當，可能會變成找代罪羔羊。

一樣談心，有人解心結，有人陷更深

事實上，一樣的挫折可以令人倒下，也可以讓人成長，端看當事人的解讀與調適。

所以，在幫助有情緒或壓力問題的人時，談心是兩面刃，有可能因此打開心結得到緩解，也有可能反而愈陷愈深而難以自拔。

要知道自我暗示與執著的本能會刺激交感神經工作，是提振信心與解決難題的利器，但也是一個令人深陷交感神經泥淖的心理特質。

我認為過度討論心理事件，會有如廣告置入的效應般，一不小心反而會使該過去的又歷歷如繪，該放下的卻又陰魂不散。畢竟有時候人們必須放下，才能得到真正的休息，然後輕鬆地向前行。

第1章

不一樣的
身心壓力解藥

身心壓力的大腦用藥是兩面刃

近年來，對於身心問題的醫學治療偏重藥物治療，這要歸功於腦神經科學研究的進步，許多關於神經傳導的藥物被開發出來了。

從動物與人體實驗中，科學家發現可以用這些藥物影響神經末梢的受體，進而達到影響腦神經的作用，產生改變情緒失調的療效。

這些藥物的種類不少，有苯二氮平（benzodiazepine，簡稱 BZD）、多巴胺系統作用劑、選擇性血清素再攝取抑制劑（Selective Serotonin Reuptake Inhibitors）等等。琳瑯滿目的這些藥物，好像可以治好各種心理問題，而且多數的病例都拜藥物之賜而迅速獲得緩解。

我想提醒大家，這些藥物的作用通常並不溫和，副作用與成癮或倚賴的現象並不少見，這也是為什麼這些藥物大多數被列為管制藥。

舉例來說，對於需要操作機械或開車的人，用藥上必須小心，以免恍惚失神的情形發生；對於學習或工作中的學生或社會人士，吃藥最大的困擾，就是記憶與思緒的干擾。此外，也有研究已提出警告，這類藥物與青少年自殺率的升高有關（註1，見參考文獻）。

藥往往會越吃越多，而且難停藥

腦神經很複雜，科學研究知道很少，它在同一時間內有各種作用在進行。因此，服藥後提供腦神經的神經化學物質，可能作用在原本沒有問題的部位而影響腦部正常功能，或引發沒有必要的作用。

雖然新的藥物（分別有多巴胺拮抗劑、血清素拮抗劑、GABA拮抗劑等等）對於神經受體有更好的選擇性，可以減少多餘的作用，但還不能算是溫和而沒有什麼副作用；同時，腦神經受體都有自我高低調節的現象。

這些藥物常會有矛盾現象。因為如果要有療效，通常要達到足夠的藥物濃度才能發揮作用，但如此一來，卻又可能會逼得神經減少受體的量，在生物學上叫做「負調控」（Down regulation）（圖1-1）。因此，服藥一段時間之後，藥物的用量可能要逐漸調高才會保持原來的效果，但是調高濃度的藥物卻可能帶來更嚴重的副作用。

現代醫藥科技發達且有效，的確可以幫助多數的病患，但是我也接觸過一些對藥物適應不良的例子，有的只是不喜歡吃藥的感覺，有的覺得自己的情緒失調已經好了，不想繼續吃藥卻無法停藥。尤其，服用過藥物覺得好轉的人，當他們想要停藥時，卻發生戒斷的症狀，嚴重的甚至心跳太快或血壓太高而屢次跑急診，這種情形令他們不知如何是好。

其實，我們天生就有一些解決心理壓力的本能，我相信如果能夠善用自己的本能，應該可以減少我們對藥物的需求。在向病患或朋友解釋藥物作用時，他們都會覺得艱深難懂，其中的關鍵我認為是因為大多數人不清楚神經末梢的調控現象，因此我要先介紹藥物的幾個神經生理作用。

身體機制不是將藥物照單全收

要讓藥物作用在腦神經上，需要過兩關才能發揮作用。

第一關是腦血管屏障（Blood brain barrier），如果藥物不能通過這個屏障，就不可能對腦神經發揮作用。如果想要補腦，那麼吃下去的東西必須要能直接穿過屏障進入大腦，或者間接經過代謝之後產生可以穿過屏障的物質。

藥物穿過腦血管屏障之後的第二關，是能與神經末梢細胞膜上布置得密密麻麻的受體結合，以影響細胞內的生化作用而產生藥效。

因此，藥物與受體的結合狀態可以分為兩種，一種是結合後引起作用，另一種是結合後不引起作用，也就是阻斷作用的意思。

理想中，我們可以藉由藥物與受體的結合，調節神經的作用而達到療效。但是現實裡，神經會對抗外來藥物的影響，當藥物與受體結合後會增加神經作用，神經細胞會逐漸減少受體的數量，這種現象就是我前面提到的負調控；相反的，當藥物與受體結合產生阻斷神經作用，神經細胞會逐漸增加受體的量，這種現象叫做正調控（Up regulation）（圖1-1）。

另外，神經系統是一個複雜的網路，細胞之間彼此不斷交換訊息，這種牽一髮而動全身的現象，也會影響治療的反應。

服藥後變得昏沉或遲鈍，是藥物副作用

神經藥物的治療時常出現三種狀況，治療問題與副作用，令藥物的美意受到打折，我以房間外的開關與房間內的燈為例來做說明。

第一種是藥物的選擇性問題。就好像屋內某個房間燈壞了，請水電工來修，

圖 1-1：藥物正負調控圖（BBB up / down regulation）

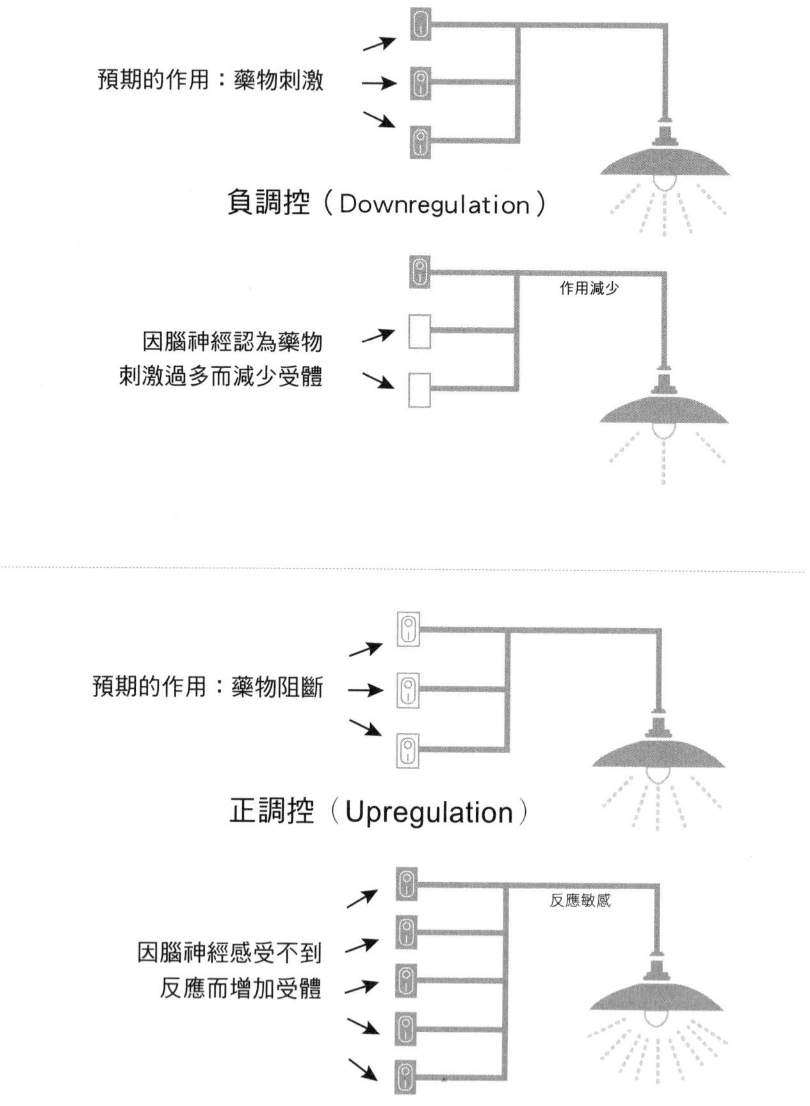

他一來就把總開關關了，這樣就對其他房間內的人造成影響，沒辦法好好做事。

第二種是正調控。這好比房間內的燈被外面的人將開關貼死了，結果房間內的人感覺燈光亮度不夠，會設法增加燈組與開關以增加照明。之後一旦停藥，被貼住的開關都打開了，被抑制的神經作用大增，結果常常是太興奮，燈光太亮令人受不了。

第三種是負調控。這種情況是房間外的開關不斷被開開關關，造成房間內的燈不斷閃爍，結果房間內的人受到這種困擾，會設法把一些開關貼死以減少干擾。這種情形一旦停藥，會感覺大腦不亮了，整個人昏沉沉沒精神，在生活中最常見的例子就是當你常喝咖啡提神而有一天沒喝時，發生缺少咖啡因的症狀，這時容易頭痛頭昏而沒有精神。這是因為發生提神作用的受體減少，一旦刺激提神的物質變少就發生作用不足的現象。

臨床上，第一種狀況與服藥後昏沉沉或反應遲鈍等等有關；第二種狀況常與停藥後的症狀反彈有關；在第三種狀況之下，藥物需要逐步調高以維持療效。也就是說，第二或第三種狀況的藥理機制與之後藥物戒斷或停藥症狀，是息息相關的。

因此，影響神經的藥物不可以忽吃或忽不吃，也不可以任意停用，這也是為什麼這類藥物多數屬於管制藥。

被忽略的壓力表現：心理是對生理反應作出詮釋

在行醫當中，我觀察到有壓力或情緒問題的病例，都有明顯的生理狀況或自律神經失調的情形。我經過多年的嘗試與摸索後，確信很多人的心理問題雖然有心理因素，但是也有其生理背景（圖1-2）。

在我的眼中，心理困擾不再只是單純心理問題；此外我也發現病患的心理壓力或情緒問題，常隨著病痛的改善而緩解，他們口中的種種心理事件變得不再重要，而且外表與想法也轉變，讓他們好像變成另一個人。

經由不斷地印證與發現：很多情緒失調的病例，實在找不出什麼明顯的個人、家庭或社會因素，可以解釋他們的心理問題；但是，這些人就在某個時機突然變了，甚至連病人自己都難以相信自己會這樣。我更感到高興的是，這些人在

圖 1-2：心理對生理反應的基礎論

●先有生理反應，還是先有心理反應？

●價值觀與判斷：置入條件 > 條件反射 > 生理反應 > 心理感覺

●心理是對生理反應的解釋！

●先有生理反應，才有心裡的感覺！

接受我的神經調節治療（見第96頁）後，他們很快就恢復正常。

尤其，我發現有些情緒失調的病例，我只是給予生理支持治療，也就是靜脈點滴注射與口服營養補充（參見第99頁），他們的情緒症狀就可以緩解一段時間。因此，我意識到雖然心理會影響生理，但生理狀況可能才是產生心理問題的根源。

有鑑於此，我的身心壓力新觀點呼之欲出，因為心理壓力與情緒問題是對生理現象的意識或解釋，而這樣的意識是來自先天的本能，再加上後天的教養對生理問題所產生的解釋。

也就是說，心理問題可以是非心理因素所造成，當然可以用非心理方式治療。

心理問題關鍵：自律神經要能切換自如

要進一步了解心理問題之前，我們先要對我們的神經系統有基本認識。

人類的神經系統非常複雜，為了方便讀者有個基本認識，我把腦神經簡化分為意識與非意識兩部分。神經系統功能分為「意識」與「非意識」兩部分。非意識控制我們的生理反射，由生命中樞透過自律神經系統，也就是交感與副交感神經調節內臟的機能；而意識的部分，除了控管我們的隨意肌，同時用來解釋外在刺激與內在狀態並做出反應。

雖然我們可以透過生物回饋、催眠或修練等方式，以意識去控制非意識部分，但是大多數人沒有辦法有效的以意念控制它。

非意識如果不平靜，不動也會消耗更多熱量

休息時，人體仍然需要消耗熱量以維持生命，這就是所謂的基礎代謝率。消耗熱量的器官或組織之中，肌肉部分約占20％，腦約需17％，心臟約需8％，其他內臟約需55％。

整體而言，由意識控制的部分以肌肉為主占20％的熱量消耗，而其他由非意識的腦到自律神經部分所掌控，包含心臟、其他內臟占80％的熱量消耗（圖1-3）。換句話說，非意識部分如果不平靜，即使人沒有任何行動也可能消耗更多熱量。

因此，如果我們觀察到一個沒什麼運動的人竟然看來消瘦，那麼他（她）很可能有嚴重的身體或心理問題。在我後續的文章中，會再討論這個熱量消耗的現象，請大家先有這樣的概念，因為會有助於增進身心壓力的了解。

交感神經反射不平息，心情難以平靜

一個協調自如的自律神經系統，是交感神經作用與副交感神經作用可以順利的切換。

也就是說，面對心理上的事件、外在的環境刺激，或者內在的感受等等時，都會刺激交感神經反射，而交感神經的反應可能是抵抗（Fight）或逃避（Flight），其反應的結局可能是竭盡（累壞了）或完成（有成果）。

對於結局如果接受了或放下了，那麼這個反射就結束，然後會有平靜的感覺，

圖 1-3：人體基礎熱量消耗占比

80% 腦和自律神經系統控制
20% 肌肉

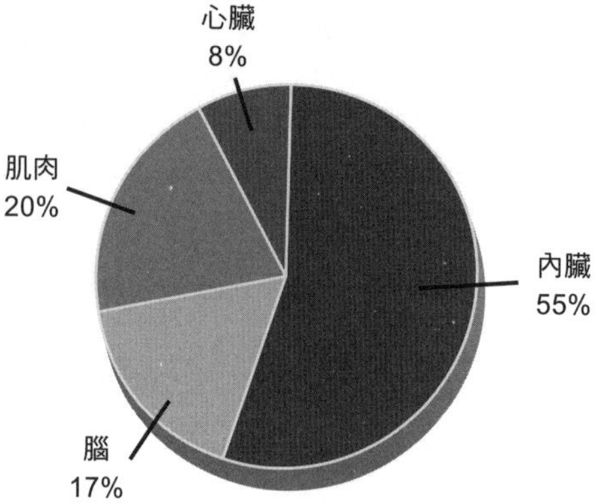

也會產生食慾而進入副交感主導的作用。反之，如果對於結局不能接受或者放不下，則這個反射會持續下去。

還有另一種情形是，當事人已經接受或放下了，可是交感神經還是持續這個反射，令人情緒很不安。我發現這種情形常見於當事人某個時候受到病毒感染之後發生的後遺症，最常見的症狀是疲倦或情緒低落，患者往往四處求醫而找不出原因，最後雖然沒有明顯心理壓力還是被當作心理有問題來治療，可是當我給予神經調節治療後，患者的身體與情緒通常迅速平靜下來（神經調節治療是一種刺激周邊神經而達到調節自律神經與中樞神經作用的非藥物治療方式，參見第96頁）。

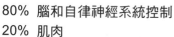

由此可見，情緒問題與自律神經系統關係密切，也就是非意識神經反射的總結，所以不見得都來自心理因素的影響。

情緒問題從控制意識著手效果不佳

著名法國哲學家勒內・笛卡兒（René Descartes）的「我思故我在。」（Cogito ergo sum.）這句名言大家都曉得，但是有沒有人覺得或許是「我在故我思」呢？在我的經驗中，執行麻醉時如果採用某些藥物並掌握適當麻醉深度，是可以與病患持續深度交談，並且聊一些心事，而麻醉甦醒後病患對於這個過程是沒有任何記憶的，對他而言麻醉當中發生的事情是從未存在的，當然他也不會記得有過交談或是記起交談的內容。

以苯二氮平類（簡稱BZD）的藥物為例，普遍都有這種失憶的效果，也常用在失眠或憂鬱等情緒失調的症狀中，但是臨床上這類藥物抗壓力的效果有限，因此常合併使用其他抗憂鬱的藥物以加強療效。

從麻醉藥物使用上的經驗，我知道從控制意識下手，只能有限度的控制情緒。像是將患者輕度麻醉後，有些人心情變好些，但是有些人變差些，因此我推測從意識階段去說服別人而改變情緒的效果也是有限的，因為不是每個人都一樣可以被說服，有些人需要多方的遊說，甚至有些人根本不願意接受輔導。

而深度麻醉主要的目的，在於將各種感覺對交感神經的刺激可以經由被麻醉藥阻斷，便於手術工作的進行；而在手術麻醉消退之後，原本的刺激逐漸恢復作用，這時候交感神經的作用突然變大，就比較不利於病患手術後的復原。

所以，我認為有些大型手術與麻醉後所發生的併發症，包括手術後發生的情緒失調問題，與手術麻醉消退後的疼痛或藥物刺激自律神經有關。想要明白這些複雜的關係，首先要從腦神經的基本架構談起。

生存基本就交給副交感，面對挑戰就拜託交感

如前所述，我們將神經系統分為兩部分，意識部分，主管感覺、運動與邏輯解釋的功能；非意識部分，由生命中樞與自律神經系統組成，主管器官組織的協調與運作（圖1-4）。

從演化的角度看，神經系統是經過演化一層一層的堆疊在原來的結構上而形成的。自律神經系統的副交感神經系統是動物最原始的神經構造，主要功能是

圖 1-4：神經系統的簡介

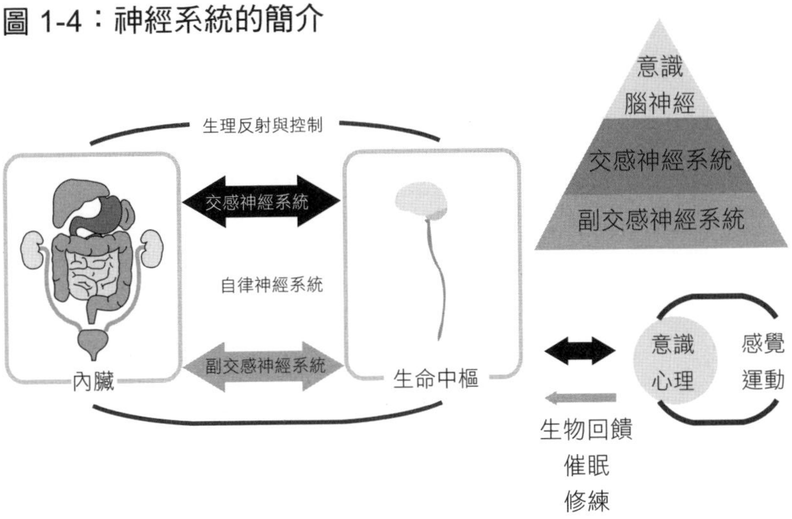

用來進食與修復；其次堆疊上去的是交感神經系統，用於協調對刺激的生理反應；最後演化出來的是有關意識的部分。

目前醫學研究已經知道，對迷走神經（迷走神經是主要的副交感神經）的刺激可以緩解嚴重的憂鬱症，因此我們可以推論：心理壓力與情緒問題，與自律神經系統的運作，彼此有密切的關係。

請大家先建立一個觀念，那就是：自律神經系統是用來協調內臟的機能。

當交感神經作用時，主要是對刺激做出反應。無論行為上是抵抗或逃跑，都會使內臟做出相似的作用，例如瞳孔放大、口乾舌燥、氣管擴張、心跳加速、心收縮變強，並且抑制消化道與泌尿道的動作等等，另外也會提升血糖與發炎反應以增加抵抗的力道。

至於副交感神經則是負責善後的修復工作，像是幫助我們平靜下來、恢復食慾、啟動消化，以及泌尿動作（圖1-5）。

從自律神經系統的分工情形，我們可以明白生存的底線由副交感神經系統把關，而生存的挑戰由交感神經系掌管。

同時，情緒的基本因素——平靜或激動，也是分別由副交感或交感神經系統主導，雖然情緒的心理表徵有很多種，但是在生理上都是呈現交感神經興奮的現象。因此如果藉由神經調節刺激副交感神經，可以降低交感神經的興奮，同時緩解情緒症狀。

圖 1-5：自律神經系統（交感與副交感神經）作用

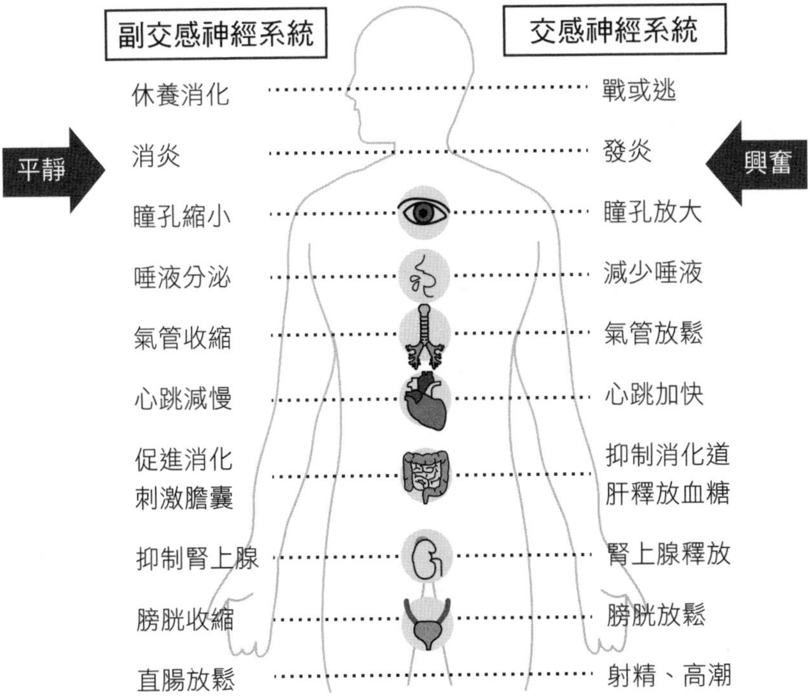

一旦生理壓力夠大，就會有情緒問題

對身心壓力所產生的神經反射是動物的本能，而尋求解決壓力所做出來的行為也是一種本能。

這些本能行為常被解釋為人的心理或行為，好像高等動物才會有，而其他動物沒有人性，所以沒有這些問題。事實上，動物也有感受壓力而發生情緒的現象，只是他們沒有言語來表達。

其次從生理的觀點看，我認為只要生理壓力夠大，無論誰是誰非都會有情緒問題，如果執著於心理因素，有時候反而不斷在原地打轉。

最好是人們可以運用天生解決問題的本能，這樣就可以減少藥物濫用或暴飲暴食等問題，同時也可以減少壓力與情緒問題所引發的連帶傷害（圖1-6）。

因為常常藥物吃得愈久效果愈差，不但副作用大，有些人會依賴成癮，甚至最後終身靠藥物過一輩子。酒、咖啡等飲品不是不能喝，而是有些人就是有適應不良的問題，尤其酒是合法的飲料，很容易讓人酒精成癮，醉了之後酒品不好，對自己、對他人所造成的傷害也時有所聞。

圖 1-6：壓力的神經反應

1. 減少食品或藥物的濫用問題：
   - ◆ 有適應或反彈現象，如咖啡、酒……
   - ◆ 常用效果漸差，副作用漸大，可能倚賴或成癮。
   - ◆ 通常造成興奮或鎮靜，妨礙身心的復原。

2. 認知壓力反射的本能：
   - ◆ 是天生的能力，需要後天的認知。
   - ◆ 沒有誰是誰非的爭議。
   - ◆ 先要熟悉才能交叉運用，減少傷害。

當我們認知身心壓力是一種本能的反射行為，不再去爭辯誰害我、不再掀起舊仇新恨、不再自我暗示、不再莫名怨恨……，從調理身體先下手，自然而然想法就會跟著改變了。

交感神經一直與情緒同在

當正常的身體或心理活動是針對某個目標而來，反應的策略不外乎是面對或逃避，這兩種基本的本能反應各有其優缺點，而日後可能發展出屬於各別特性的行為與情緒。要注意的是，無論行為或情緒如何變化，都有交感神經的作用在背後（圖 1-7）。

圖 1-7：心理活動的兩種反應策略：戰或逃

□ **面對問題 – 戰 (Fight)**

- 情緒表現：激動、多話或焦躁
- 正面價值：增加成果、擺脫壓力：完成或竭盡 > 接受或放下 > 平靜 > 下個挑戰
- 負面影響：有無法完成或放下的風險：積累壓力。
  有無法竭盡的風險：很累但無法繼續也無法暫停。

□ **逃避問題 – 逃 (Flight)**

- 情緒表現：憂鬱、沉默
- 正面價值：避開高風險、高壓力
- 負面影響：有逃避而無成就的壓力，逃得很累。
  沒有成果、沒有成長、浪費時間。
  傾向離開人群、失去支援。

●選擇面對挑戰時

面對問題就是戰（Fight），好處是可以完成挑戰後產生成果，累積更大成就，或者令人累到已經盡力不在乎結果而可以放下，這麼一來身體與心理就可以靜下來休息充電，然後接受下一個挑戰。

這麼做的風險是，有時會發生無法完成或接受的狀況，相同的刺激會持續下去，並逐漸消耗體力，累積壓力。另一種風險是發生無法竭盡的狀態，也就是已經很累，但無法繼續也無法停下來。

●選擇迴避問題時

逃避問題就是逃（Flight），好

處是避開高風險、高壓力的挑戰，雖然沒有成果，卻可以持盈保泰避免浪費精神與力量。但常逃避而無成果，會失去獎賞與放鬆的效果，這麼一來其他壓力的累積會產生逃得很累的情形，既沒成果也沒成長、又會浪費時間。最嚴重的情形是，逃避的行為傾向離開人群，因而失去別人的關注與支持，容易陷入惡性循環。

無論選擇挑戰或逃避，身體一樣累！

無論是身體或心理活動，都會啟動交感神經作用；也就是說，無論是面對或逃避都會刺激交感神經作用，當累積的交感活動高到情緒門檻時，情緒問題就會顯現出來。對應戰鬥的選擇，情緒會表現激動，會有多話或焦躁的情形。如果選擇逃避，則有憂鬱或沉默的現象。

以生理的角度來看，逃避或應戰的生理反應相似，所需要消耗的能量也很多，負擔一樣重。民眾最大的迷思是，以為選擇逃避的人很輕鬆，或者一直沉默的人是沒問題的，但其實身體一樣都很累。

交感神經不罷休，身心症狀跟著來

身心事件反應的結果，可能沒完成或已完成。

如果可以接受完成的結果，或者累壞了而能放下心事，則這個交感神經亢奮的事件就可以落幕，接著生理作用會轉為由副交感神經主導進行修復的工作，如此周而復始，就可以得到休養，並準備迎接下一個挑戰。

但是還有一種現象，我稱之為「執著反應」，這是因為對應刺激的交感神經反射無法解除，會產生這個現象有兩種可能。

有一種可能是，心理上對於刺激或事件不能接受或者放不下；另一種可能是，雖然已經不在乎或甚至已經忘了之前的刺激或事件，已經與心理無關，但是對應產生的交感神經反應仍然持續作用，令人焦躁或憂鬱不能放鬆休息。

兩種情況都是因為交感神經的作用無法順利切換為副交感神經主導的休息狀態，長期下去就是自律神經失調，會產生許多身心症狀（圖1-8）。

圖 1-8：心理活動的結果與自律神經的轉換

☐ 結果

1. 竭盡：體能或智能耗竭。
2. 完成：產生結果。

☐ 轉換：回歸平靜由副交感神經主導

1. 接受結果。
2. 放下 / 放棄。

☐ 執著：持續交感神經反射

1. 不能接受或放不下。
2. 自律神經失調：交感主導切換副交感主導的失調。

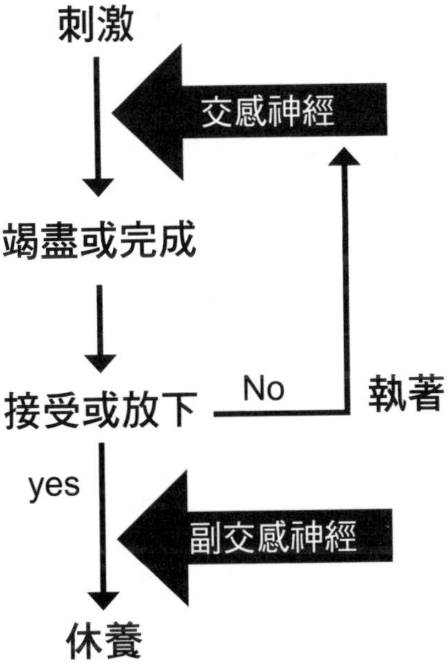

圖 1-9：壓力冰山有多大？

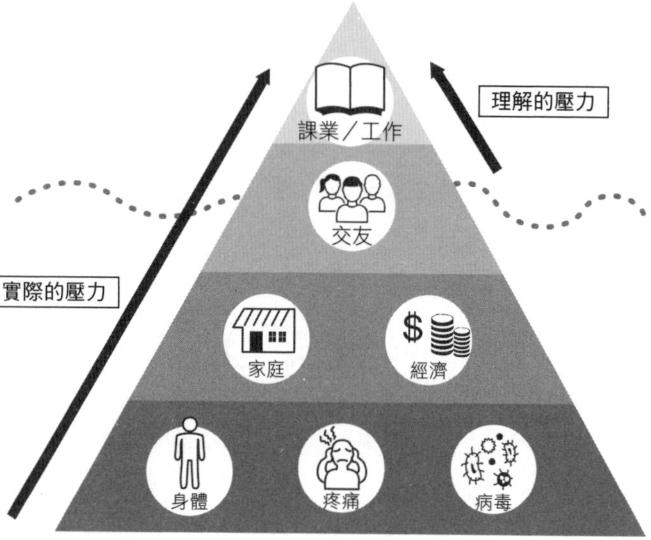

停看聽！認識壓力模型

有鑑於心理現象複雜而難以理解，我以模型將常見的壓力與情緒問題做歸納，接下來會以自律神經作用與生理角度去解釋壓力與情緒問題。

在此之前，我會為幾個名詞下定義，以便後續的討論。

疼痛、家庭、交友、工作、課業都是壓力源

根據我多年治療疼痛與自律神經失調的經驗，我把身心壓力的定義為各種刺激交感神經事物的

圖 1-10：總壓力 = 神經反射的合計概念

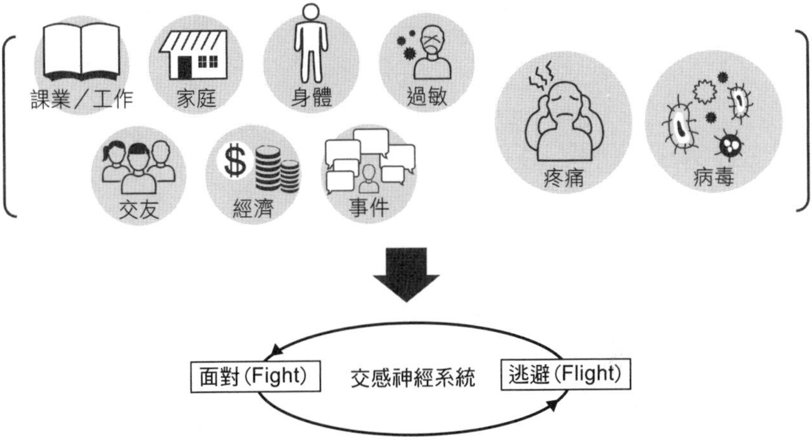

總和，舉凡課業、交友、家庭、經濟、病毒、疼痛、健康等等（圖1-9），每一個刺激都會引發相對應的交感神經作用，而這些刺激可能來自環境、事件、感官或其他身體內外的問題（圖1-10）。

因此，壓力雖然會造成情緒，但是心理因素只是其中原因之一，所以用心理手段解決心理問題，不見得完全行得通。

焦慮多話或憂鬱寡言，都是情緒表現

情緒的一般註解是「基於強烈的感覺」，至於細節則很模糊。

因為情緒的發生通常會連帶有身體症狀，因此這兩者的關係可能是情緒造成身體症狀，或者是身體症狀造成情緒問題，又或者是身體症狀與情緒都是反映相同的生理現象。

依我個人的臨床經驗，當壓力高到某個程度時，人的情緒問題就明顯出現，而這時候也會有能力下降的現象。在此時會有不同的情緒變化，無論是沉默或激動，都有交感神經過度興奮的表現，因此壓力與情緒兩者有正相關。

無庸置疑，交感神經興奮會造成生理上的負擔；然而，我認為情緒也是大腦反映感受過高生理負擔（參見第53頁），所表現出來的一種心理現象。

在臨床上，我只是單純地給予病患生理支持就可以緩解他的情緒，但是給予交感神經阻斷藥物卻不見得對情緒有用，所以可見情緒來自本能反應，是大腦意識區反應生理問題而出現的表現。本書內容中，所謂的「生理負擔」或「生理支持治療」（參見第99頁），則是指生理的新陳代謝，也就是人在維持正常生命機能時所進行的所有過程。

不同的人會有不同的情緒行為（例如：沉默、激動），這與本身戰或逃的本能反應有關，這兩種基本反應衍生出各種情緒行為，雖然表現方式各有不同，

圖 1-11：能力的神經波動模式

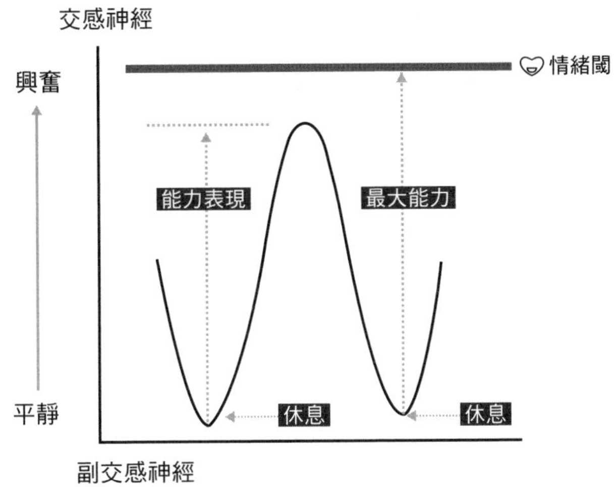

※ 情緒閾：會開始產生情緒波動的界線。

但我的觀察是不同情緒表現的生理現象是相似的，只要平靜下來，多話的人會緩和下來，而寡言的人也會樂於交談。所以，我認為緩解情緒的生理問題，比解讀情緒的心理問題更重要。

上班、上課，就是能力表現

我們常講能力如何如何，但是能力到底是什麼？怎麼評估？有各種的說法。

在這裡，我所謂的能力是指日常活動的有效表現（像是正常上班、上課），情緒性的行為（在憂鬱或情緒失控的情形之下，去

圖 1-12：理想的自律神經運作

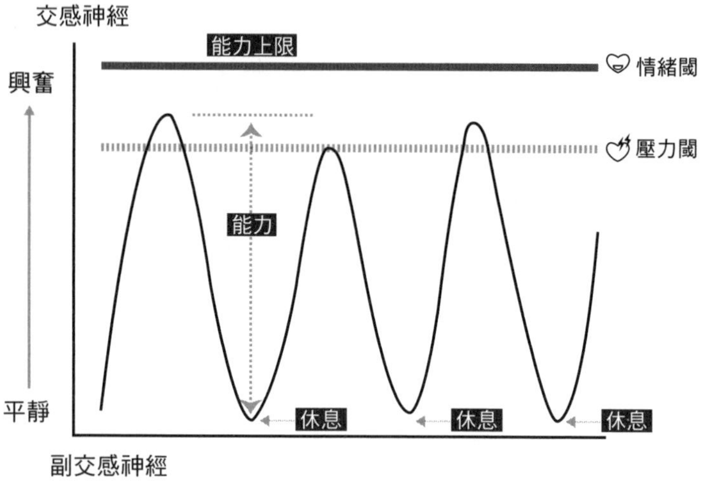

※ 壓力閾：交感神經興奮到某程度，會感覺到壓力或疲累。

上班、上課）屬於無效的活動，因此不列入能力的計算（圖1-11）。

從生理的觀點去看，能力的表現反應了交感神經興奮與熱量消耗，但交感神經若興奮過度導致情緒問題後，能力表現就變得有限。

我對日常中的能力表現的定義是自律神經作用的低點到高點，而日常的最大能力表現則是從自律神經作用的最低點算起，也就是「平靜」時到發生情緒的波動幅度；產生情緒之後多餘的興奮，根據實際觀察，這些多屬負面作用，已經沒有什麼能力可言。

「這裡的平靜」是指交感神經的

作用處在維持生命現象的低檔，這時候副交感神經主導身體機能。

「休息」是指平常的休息或睡眠狀態，是沒有勞務或運動，以及處於靜坐或平躺，這時候的交感神經狀態只反應了殘餘的身心壓力。

由此可見，愈平靜可以表現的能力愈強。此外，心智（例如：下棋、讀書、益智遊戲）與體能訓練會提升情緒閾，並減少應對事件所需要消耗的熱量，因此有助於提升能力的質與量（圖1-12）。

壓力是交感神經持續興奮造成

究竟是心理上感覺壓力才有生理上的壓力反應，還是先有生理上的反應才產生心理上的解釋？這點各家有不同的見解。

我從經驗中了解，單純給予生理支持或調節神經就可以達到紓解心理壓力的效果，因此我認為壓力可以分成兩種情形。

第一種是先由交感神經興奮至某個程度造成生理負擔太大，而大腦意識到嚴重性，所以心理上才會感覺到壓力，此時身體在這個時候也會釋放壓力荷爾蒙以提振反應的能力。

另一種情形則是預期未來有壓力（例如工作、考試等等），意識階段預測認為生理需求過大，交感神經系統過度反應因而產生。在意識階段之下產生的心理壓力，導致交感神經興奮程度多寡，就是我對壓力閾的定義（圖1-12）。雖然沒有確切的壓力閾實驗數據，但是我認為它會因為體能與心智的訓練而提升，反之亦然。

值得注意的是，我觀察到在「平靜」與「休息」時，如果心率每分鐘達到80～90下，有些人就會感到有些不舒服的感覺了，不論感覺得到或感覺不到，代表身體已經從心率開始預警了（參見第154頁）。

當你累過頭，身體先知道

人在交感神經興奮超過壓力閾，達到某個界線會明顯發生情緒表現，而從觀察中可以發現在這個當下，已經沒有多少能力可以表現了（圖1-13）。

究竟是發生情緒，所以能力下降？還是因為到了能力極限，才發生情緒？如果檢驗當事人的生理狀況，幾乎都會記錄到交感神經過度興奮的現象。

打個比喻做說明會更清楚，以機器發生奇怪聲音為例。各位認為，究竟是奇

圖 1-13：壓力、情緒與能力連動模式

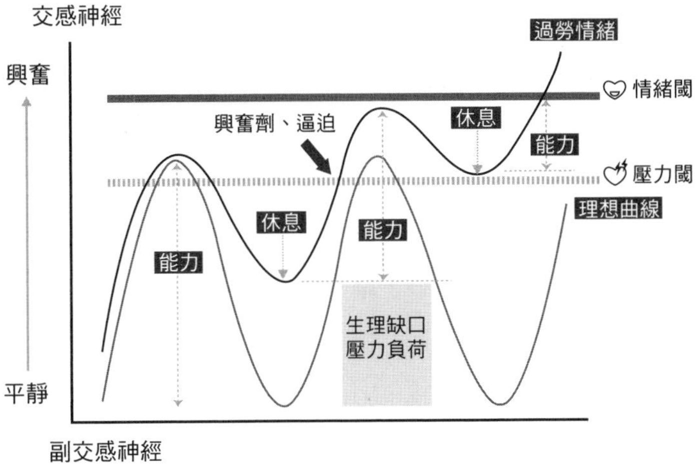

※ 生理缺口說明請見 99 頁。

怪的聲音令機器負荷過大？還是機器負荷過大發出奇怪的聲音？其實答案很清楚。

在我的模型裡的情緒閾概念，可以明確解說能力下降的狀況，因為情緒發生是身體如實反映生理透支過大所產生的本能反應，就好像機器負荷過大發出奇怪的聲音示警。

同樣的，雖然沒有確切的情緒閾數據，但是我認為它也可以因為體能與心智的訓練而提升，反之亦然。

我的觀察發現許多情緒問題的案例，在「休息」時的心率每分鐘高達90～100下以上，這已經是身體的紅燈警示了（參見第154頁）。

神經調節能讓人身心放鬆，促進修復

許多人「休息」狀態仍有過多的交感神經反應，並非完全「平靜」。所以說，休息時的自律神經狀態，等於「平靜」時加上實際的身心壓力。

有趣的是，如果我們經由「神經調節」讓身體進入平靜狀態，會感覺心平氣和，有人甚至覺得身體輕飄飄。麻醉或身心藥物也可以使人達到平靜的狀態，但是有鑑於藥物的副作用與成癮特性，必須限制使用範圍。

廣義的「神經調節」泛指透過感官的刺激以達到對應的腦神經的作用，任何人都可以輕易辦得到，舉凡經由眼睛的視覺、耳朵的聽覺、鼻子的嗅覺、舌頭的味覺、身體皮膚的觸覺等五感的美好感受，讓人身心放鬆；反之，聽到噪音令人煩躁或者聞到臭味令人噁心，這些對絕大多數的人來說可是會加重身心負擔的。

也就是說，如果想要達到調節身心的作用，那項活動就必須對當事人來說是他喜歡的，那怕只是登高遠望達到心曠神怡也行，當然也可以從吃喝玩樂及運動中得到身心愉悅與放鬆，甚至參與社團活動擴大社交圈、加入宗教團體找尋心靈慰藉等等，這些都屬於廣義的神經調節範圍。

所謂狹義的「神經調節」，簡單來說是指侵入性的刺激末梢神經；在臨床上已證實，經過刺激周邊神經以產生中樞神經反應，可進而達到自律神經系統的調節的治療（參見第112頁）。

在醫學研究中，通常以刺激迷走神經或薦骨神經，證實可得到治療憂鬱、心衰竭或泌尿問題的效果。實際上，任何神經受刺激都會產生自律神經的作用。

我在診治病人時，也會借助神經調節的手法，但首要之務是找到他們生理病痛的源頭，採取不用藥物的手法，達到緩解甚至解除痠麻疼痛。

不論神經調節的手段為何，最終目標就是讓自律神經處於平靜狀態。

神經調節治療

興奮狀態，身體會有發炎情形

很多人不知道，當交感神經處於興奮狀態時，會有身體發炎與消耗的情形。

理論上，平靜時副交感神經主導修復作用，這時候身體的代謝會在低檔，猶如汽車的怠速狀態。但是，如果在休息時有多餘的交感神經作用，會增加額外的代謝需求（例如剛睡醒卻覺得很累），這個額外代謝增加的部分，我稱之為「生理缺口」。生理缺口的初期臨床表現，可能只是容易口渴、覺得累，後來就會有明顯的交感神經症狀，也就是我們常說的自律神經失調產生莫名所以的心理症狀或身體病痛出現（圖1-14）。

當生理缺口愈大，休息時所消耗的資源愈多，就會使身體代謝處於不利情境。之所以如此，那是由於交感神經維持在高檔，不但會使生理缺口擴大，並且也會抑制食慾，用的多吃得少，結果到了某個程度就發生熱量負平衡的情形了。

處於熱量負平衡狀態不但會導致食慾不振，同時體重也會下降，這種情形意味身體應付壓力的資源更少了，大腦隨時可能指揮激烈的行為以應付壓力來臨，這時候常有暴食與厭食的交替出現，如果不盡快改善，一旦體重持續下降，很

圖 1-14：生理缺口的身體表現

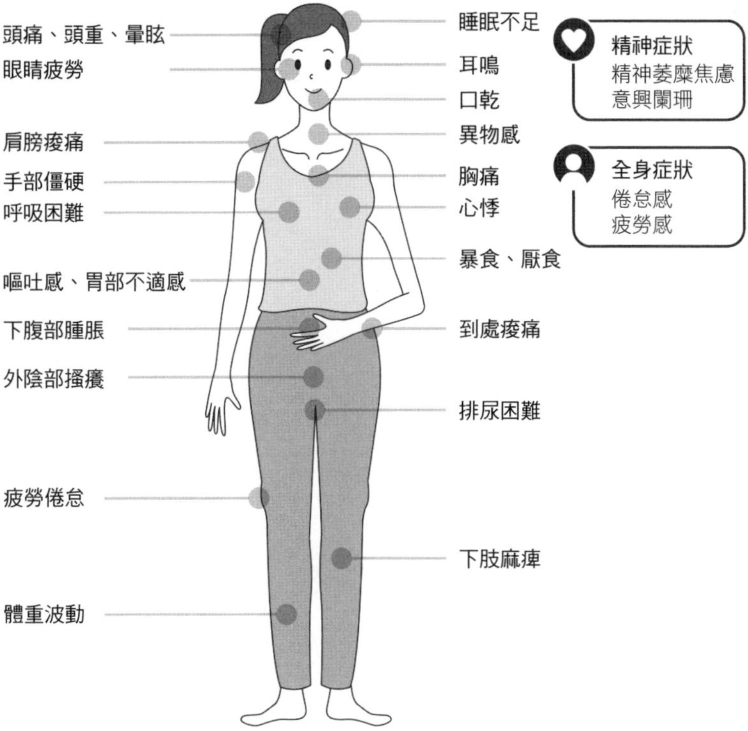

所謂生理缺口指的是壓力負荷是休息時交感神經興奮度高出平靜時應有的狀態，這個部分所產生的代謝需求，就是生理缺口。

- **生理缺口的原因**：休息不夠，或是沒有真正的讓身體休息。
- **生理缺口的生理指標**：心跳、血壓、壓力荷爾蒙等等低於或超出正常值。
- **生理缺口的心理現象**：壓力大、感到疲倦、情緒不穩定。

生理缺口支持治療：包括水分、熱量、蛋白質、脂質、維生素、礦物質與各種營養素。

容易發生嚴重的情緒事件，甚至發生自殘或傷人的情境。

補足生理缺口的方法：醫學上採取支持療法，狹義的作法是以靜脈注射給予水分、熱量、維生素與其他各種營養元素；廣義的作法是包含各種口服的食品或營養補充劑。也就是說，可以經口從食物或營養補充劑中彌補生理缺口，如果情況急迫甚至可以從靜脈輸液中補給。

在臨床上，我有多次以生理支持快速緩解情緒問題的經驗，所以再度驗證：我認為情緒的生理背景之一是生理缺口。

另外，對於憂鬱與體重的研究，在多數的醫學報告裡顯示憂鬱與體重成反向關係，也就是體重輕的人患憂鬱症的風險較高；而胖的人憂鬱症的風險較低，這一點與我的模型符合（註2，見參考文獻）。

喝咖啡提神是應付「壓力負荷」，疲倦想休息是補足「生理缺口」

剛剛說明了生理缺口，回過頭說，休息時交感神經興奮度高出平靜時應有的狀態就是「壓力負荷」。

壓力負荷會影響能力表現，而為了維持能力表現，人們不得不逼迫自己或刺激自己如喝咖啡等等，以提升興奮程度達到能力輸出的需求量。而當不喝咖啡時，我們會覺得疲倦，能力下降想休息，藉此以補足生理缺口。

最佳的休息狀態是在沒有壓力負荷與生理缺口的情況，也就是回到「平靜」的狀態，而日常的能力表現等於工作狀態興奮程度減壓力負荷或生理缺口（圖1-13）。

雖然給予生理支持可以快速緩和情緒，但這只是暫時的，並不是能完全解決情緒失調。不過，如果採取神經調節的話，則可以解決情緒失調，但需要一點時間去修復，當兩者同時進行治療的效果最好。

從我臨床上長期觀察歸納，我認為壓力負荷會導致「生理缺口」，而長期的生理缺口則導致長期的情緒反應。

但很重要的是，壓力負荷與生理缺口兩者有其差異，那就是壓力負荷可能來自非意識或本能對尚未發生的事預測生理需求，由大腦指揮預先採取的預期壓力反應；而生理缺口則是身體早就長期在平靜休息時有多餘的交感神經作用著，因此持續產生額外的代謝需求。

例如運動比賽前，參賽者心跳血壓加快，這是對尚未發生的需求預先產生的支出，這是「壓力負荷」。在運動比賽後，雖然休息了，但是仍然會感覺疲累且競賽後的興奮尚未平息，於是身體內會有比平時休息時多的代謝需求以補足比賽消耗的營養，這時候需要補充身體所消耗，這就是「生理缺口」。

心理壓力的來源，除了心理事件之外，身體的病痛也一樣會帶來龐大的壓力，因為病痛會刺激交感神經系統去應對不適的刺激，如此一來，會產生多餘的營養需求，長期下去會造成很大的生理負擔，往往患者的表現是憂鬱或暴躁，但是隱藏在深處是一言難盡的病或痛；甚至，臨床上我覺得身體的病痛壓力反應所產生的心理作用更大。

理想的自律神經運作，在休息能回到「平靜」狀態

在理想的狀態下，每天身心的活動刺激交感神經作用，會先由平靜開始，再逐步進入興奮，並且使生理活動配合作用。

也就是說，當各種身心事件的加入，交感神經的興奮度變得更高，甚至到了某個高度觸碰壓力閾，人就會感覺有壓力或有點累而想休息，這個交感神經波

動的幅度就是本書模型中所稱的能力（圖1-12）。

之後隨著休息，各種刺激逐一消除，交感神經的興奮降低到低點，由副交感神經取得主導進行休養生息的工作，準備另一輪的挑戰。也就是說，所謂理想的運作是指：日復一日，每次休息時都可以充分修復回到接近平靜的狀態。

工作、考試、人際關係，會刺激交感神經

刺激交感神經的因素可以是心理事件，例如工作、考試、作業、未來或人際或家庭問題；或者是身體事件，例如疾病或創傷；或者是環境對各種感官的刺激，例如痛覺、觸覺、聽覺、視覺、味覺、嗅覺，甚至溫度。

美食、美景、喝冷水，會加強副交感神經

副交感神經作用主要在交感神經作用的緩解而浮現出來，例如血管迷走神經性昏厥（vasovagal syncope），常發生在交感神經作用急遽緩解之後，便會出現副交感神經作用的反應，例如暈針或脹尿之後的小便、或腹痛後的腹瀉，所引起的昏厥。

另外，對於感官或器官的刺激，例如觸覺、聽覺、嗅覺、味覺或溫度，也有可能直接加強副交感神經的作用，因此找美食填飽肚子、音樂、香精、美景，甚至來杯冷水都會有相似的作用。

換言之，前面提到的神經調節作用，就是使身體過高的交感神經作用切換到副交感神經主導的狀態，滿足我們的感官常常可以得到這樣的效果，可以做的事情就是吃美食、聽音樂、賞花賞畫、踏青出遊、來個下午茶犒賞自己……，都會是很好的辦法。

如果真的無法自己做到紓解身心壓力，就要善用接下來書中提到的處理壓力的四大技巧，並懂得適時向外求援，這才是上上之策。

壓力從何而來？

很多次的門診經驗中得知，當事人不斷重複的那些令他不平的人事物或社會環境，好像這些糾葛是問題關鍵，但是當他的病痛問題解決之後，心情放鬆了，也就不再執著於陳年往事了。

因此，我認為構成壓力的因素涵蓋心理與身體因素，這些種種因素加總給生理帶來負擔，一旦負擔超過壓力閾就會有承受壓力的感覺與反應，然後再進一步就產生情緒反應。以此推論，只要總壓力在可承受的範圍之下，壓力或情緒反應就不會長期出現。

此外，在與當事人談論心理問題時，當事人對於自己心理壓力的見解有其侷限性，所陳述的內容常常只有一部分。這可能是因為自己不清楚所有可能的因素，也可能是因為所陳述的內容是有選擇性的。這種現象會給想幫助他的人帶來困擾，因為難免會發生雞同鴨講或兜圈子的情形。水濁的時候，很難看清楚池底的石頭。

我的見解是，如果先把生理缺口填補起來，讓他的交感神經興奮度降低，這麼一來，通常當事人已經冷靜下來，可以開始真的思考他的下一步。以下就來分享一些來門診的病友真實案例。

案例 1

憂鬱遲滯，竟源於身體疼痛
根除下半身痠麻痛後，人生重獲光彩

第一次看到A女士，她行動緩慢，一臉漠然，彷彿周遭人事物皆與她無關。經由問診得知她已有長達八年的時間，腦海中總是不斷出現輕生的念頭，這情況讓身旁的親朋好友擔心不已。

A女士告訴我，覺得人生痛苦，了無生趣，每天和先生就是大眼瞪小眼，隨便一句話都能讓雙方劍拔弩張，針鋒相對；而小孩則有自己的生活，無法陪伴身邊。雖然有個家，但她感受不到溫暖，經常覺得自己一個人孤軍奮戰，孤單又寂寞。每天睜開眼迎接她的不是美好愉悅的心情，而是一個灰色念頭：漫長的一天又來了。

這樣的生活模式讓她感到厭倦，A女士自己的說法是：「不如早點離開，解脫了就什麼都感覺不到，也不會痛苦。」問診聊天過程中，我發現A女士不斷敲著自己的腰、偶爾揉揉腳，加上進診間時我察覺到她步伐緩慢，根據多年經驗我判斷造成A女士心理壓力的關鍵並非家庭問題，而是身體不適。

於是問了她：「有腳痛困擾？」A女士因此娓娓道來，表示經常下背痛到腳麻，一整天讓她相當不適。也曾經針灸、推拿過，雖然當下好像獲得緩解，但不久疼痛就故態復萌，如此反反覆覆，讓她相當困擾，而疼痛這顆不定時炸彈，也害得她根本不敢安排活動。

我一檢查，發現A女士有骨盆性腰痛與坐骨神經夾擠問題。於是著手針對此問題進行治療。

經過了一陣子的神經紓解治療（見第96頁），A女士終於擺脫腰痠背痛，行動再也不受限。告別了疼痛的A女士重新擁抱自由，幫自己安排了許多活動，生活得多姿多彩，再也不抱怨人生無趣囉！

一分鐘改善
脊椎側彎

一分鐘緩解
膝痛、僵硬

一分鐘緩解腰
痠、坐骨神經痛

Dr. 梁的醫治很不一樣！

醫治研判獨到觀→研判 A 女士心理壓力的關鍵並非家庭問題，而是身體不適。

從身體紓壓解痛→紓解生理性的骨盆性腰痛、坐骨神經疼痛。

就診前心率→約 80 ～ 90 下（關於心率，請見本書第 3 章）。

就診後心率→約 70 下。

案例 2

情緒失調，原來是病毒感染後遺症造成的！

調節神經改善身心症狀，就此跟藥物說 bye-bye！

身材適中的B小姐在一次感冒之後，發現自己出現了情緒失調的狀況，偶爾情緒低落、被負面想法包圍；經常感覺提不起勁；睡眠狀況也大不如前。為此，她前往就診並開始接受藥物治療。可惜藥物使得她記憶力下降，反應感知變遲鈍，嚴重影響工作表現。為了保住飯碗，B小姐只得無奈地先停藥。

「停藥之後，我整個人超不對勁，感覺全身都不舒服，但又說不上來到底哪裡不舒服。一下子頭暈、一下子覺得有點噁心……總之就是渾身不對勁。吃藥也不行、不吃藥也不行，困擾死了！」在診間B小姐如此陳述了這陣子的困擾。

實際上幾次的交談，從B小姐的談話內容中，我感受到她原本是個個性開朗的人，雖然生活壓力難免，但不至於會因此情緒失調。由於病毒感染會造成自律神經失調與憂鬱等情緒問題，因此我推測導致她情緒失調的是先前感冒或流感所導致的病毒感染後遺症。

經過一陣子的神經調節治療，果不其然，B小姐的生理狀況恢復正常，生活也回歸常軌，什麼毛病都沒了，也擺脫了藥物。

心裡的痛，身體會知道！

幾個月後，B小姐又出現在我的診間，原來，她又不小心染上了感冒，情緒失調的問題再度來敲門。我聽完了她的描述，不做他想，一樣幫她進行神經調節治療，經過短暫治療後，她就復原了！

Dr. 梁的醫治很不一樣！

醫治研判獨到觀→導致 B 小姐的情緒失調是先前感冒或流感所導致的病毒感染後遺症。

從身體紓壓解痛→神經調節，改善情緒。

就診前心率→約 90 下。

就診後心率→約 60 下。

案例 3

抗癌成功卻遺留憂鬱陰影
給予全方位的生理協助，慢慢快樂起來做自己

身材有點圓潤的C女士，看起來就像是我們在左鄰右舍中常見的媽媽。她目前已退休，家庭圓滿幸福，經濟狀況很穩定，不論時間、金錢都挺餘裕的。

在幾前年她身體曾經微恙，經歷過一場子宮癌手術。幸運的是手術很成功，後續一路追蹤結果也都顯示正常，可說是抗癌成功，值得開心。可惜這段特殊的經驗，卻將憂鬱症帶到她生命中，糾纏了她兩年半之久。

在這段期間中，C女士也曾接受心理諮商的開導，但成效似乎不甚良好：也吃藥來治療憂鬱症，但情況並沒有改善太多，她依舊鬱鬱寡歡，食慾不振，以前喜愛的事再也無法引起她的興致。即便退休後有許多空閒時間，她也沒有任何計畫，朋友邀約她也總是婉拒，就只是待在家中，能不出門就不出門。

這樣的生活模式C女士也感到些許困擾，她難免想自己現在身體好好的，家庭美滿，手頭也寬鬆，別人也常勸她說：「妳都沒有什麼壓力，我們很羨慕。」

聽起來自己是真的不需要心情不好，可是……就是控制不了，不知道為什麼快樂不起來。好像別人看到的是太陽，自己卻總是注意到太陽造成的陰影。

我根據經驗，判斷她的壓力負荷導致生理缺口，於是同時提供了她「生理支持」與神經調節，一方面快速緩解她的情緒，另一方面再多一點時間解決情緒失調。

最後，C女士終於看見陽光，開始迎接她快樂逛街、聚餐的退休生活。

Dr. 梁的醫治很不一樣！

醫治研判獨到觀→ C 女士是壓力負荷導致生理缺口。

從身體紓壓解痛→給予生理支持與神經調節。

就診前心率→約 90 下以上。

就診後心率→約 60 下。

自我神經調節→快樂出門享受逛街、聚餐的退休生活。

圖 1-15：圖解神經調節治療

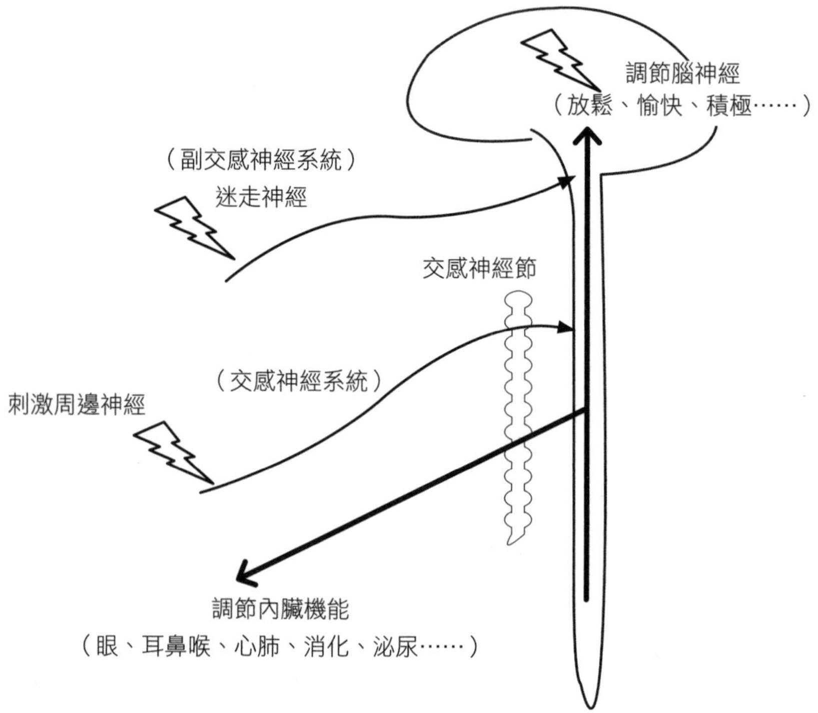

第2章

你是壓力大，
不是能力差

充分休息，是最理想的狀況

理想狀態下，人在活動時會啟動交感神經這個油門，就像引擎一樣，馬力可以隨著油門加大到產生壓力的感覺，在這個範圍內，人們可以輕鬆如意的工作，而且工作之後只要稍作休息，又可以修復之前活動所產生的損傷，因而可以重新出發，施展相同的能力。

問題是，當油門加大到某個程度，馬力無法增加而導致引擎開始發出奇怪的聲響時，繼續下去引擎就會毀損，這些過程跟人們在工作時的狀況極為類似。也就是說，引擎的怪聲，就像是人們的情緒。

獲得充分的休息，是最理想的狀況。但在現實中，人們的體質、年紀、健康狀態與生活壓力，很可能不容許有充足的時間與資源去達到充分休息的狀況，也因此會留下殘餘的壓力負荷，並產生生理缺口。

這種情形會影響下一階段的精神與能力表現，人們可以用逼迫或吃喝一些興奮性食品來提振精神與工作，但不論如何，這樣的負荷與缺口仍然需要得到補償，否則累積到最後就會產生能力下降、情緒不穩的狀態，最糟糕的是如果又發生額外的事件或身體問題，有可能會發生身心失控的情形。

接近壓力閾，能發揮最大能力

當個人追求自己的學習成長，工作上的表現，或者老師在授課時，都可能面對自己或學生的壓力與情緒問題，這些問題之間的關係如何，我在第一章已說明了自律神經運作與生理心理互動的模型（圖1-12）。可以在這模型中清楚顯示出來，能力與興奮度正相關，但是受制於情緒閾，一旦興奮高過情緒閾，就會出現負面的情緒表現，而如此一來就會很快抵銷能力，甚至最後可能完全歸零（圖2-1）。

從這模型推測，最有效的能力、壓力比會在壓力閾附近，因此最有效的工作或教育訓練也會在這個範圍。值得注意的是，這個區域也逼近情緒閾，所以如果情緒出現，多餘的訓練或要求只會得到負面的效果。

因此，個人或老師的難題是施行學習或訓練需要達到恰到好處的壓力，這樣

圖 2-1：能力、壓力與情緒的關係模型

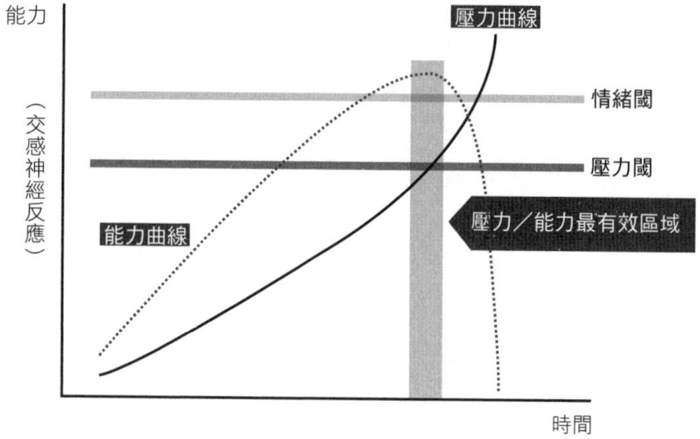

的效果會最好；但是，這時候離情緒的懸崖也已經不遠了。

如果是在一個團體、班級、公司裡，從常態分布去看可能有些人已經開始有情緒反應，老師（或主管）要拿捏整個班（或公司）的進度多少會有取捨的為難。換個角度去看，如果我們可以有效的找出面臨情緒及壓力問題的學生（或員工），這樣可能對整個班（或公司）的學習與身心健康狀態更好。

這也是我想要建立能力、壓力與情緒模型的目的。

過度承受壓力時，其實身體會預警

當人在承受過度壓力時，會產生身體的、情緒的與行為的種種反應，但人們對於壓力或危險經常選擇迴避而疏離人群，對於外人的問話或問卷調查也會有很強的心防來自衛，然而身體對於壓力的反應就非常直接，就如同前面提到好比機器故障前發出來的奇特聲音，而且會有運作不順利的情形，簡單介紹如下（圖2-2）。

頭痛、鼻塞、失眠等，都是身體在喊救命

除了覺得累，頭部症狀有頭痛、頭暈、失眠、鼻塞等等。有趣的是，鼻塞常見於壓力過大的案例中，經過神經調節治療解決鼻塞問題之後，患者其他症狀也獲得改善，所以鼻塞與腦神經的互動很微妙，處理不好反會加重壓力。

許多人都有的肩頸僵硬情形，是反映固定姿勢對脊椎所造成的壓力；胸部的症狀會有胸悶、心悸、背痛；胃食道逆流、脹氣等腸胃問題也很常見。尤其，胃食道逆流是常見與壓力關聯的症狀，當為了提振精神而飲用咖啡或茶會刺激

圖 2-2：身體的聲音——過度承壓的臨床表現

□戰或逃的演化

1. 情緒兩極：憂鬱 VS. 焦慮、情緒高 VS. 低…
2. 行為兩極：退縮 VS. 激烈、沉默 VS. 多話…

□壓力負荷 / 生理缺口 / 自律神經失調的身體症狀

●疲累、心悸、胸悶、食慾（暴食 / 厭食）…

●鼻塞、頭痛、頭暈、失眠、記憶衰退、思考難集中…

●腸胃問題、泌尿問題、血壓、血糖…

□熱量平衡

平穩→正平衡→負平衡

胃，酒精或飲食也給腸胃帶來負擔。

這些身體的症狀，有些與壓力直接影響自律神經系統有關，有些則是壓力伴隨的發炎反應所造成，還有些則是在壓力形成的過程中持續運動或活動不足所產生的。

多食、暴食、厭食，常是腦神經對壓力的反應

人體應對內在維生代謝需求，或者面對外在壓力時，都要消耗熱量。身體對於壓力的反應對策，會很直接地反應在食慾上。初期可能減少食慾，如果壓力未解除可能會多食或暴食，一但壓力慢性化則可能在暴食與厭食兩端波動；還有一種則是當壓力累積過大，可能會持續厭食而暴瘦（圖2-2）。

人體的熱量平衡，無時無刻在力求正負平衡之間，多食、暴食、厭食都是腦神經在反映生理壓力，在消耗能量解決問題與休養生息兩者之間擺盪並影響著整體熱量的平衡（例如暴食是在應付壓力負荷與生理缺口）。根據醫學研究，體重輕比較會有情緒或自殘傾向，因此發生「熱量負平衡」的情形是一個嚴重的警訊（註3，見參考文獻）。無論原因是內在病痛或外在心理事件，當事人體重明

顯下降時，往往已經在接近情緒失調的狀態，很容易進一步發生令人遺憾的事故。

惡性循環！自律神經失調與生理缺口擺盪

現代人常見的自律神經失調問題，簡單的說就是交感神經與副交感神經之間的切換失調所造成。

整體上以交感神經作用過強的情形為主，身體會過度運轉而使得熱量消耗過多，於是生理缺口就產生了。而生理缺口的存在，也會讓自律神經系統導向以交感神經作用為主（例如心悸、消化不良），造成熱量消耗更多、缺口更大，這是一種惡性循環。

持續交感神經反射與無法彌補生理缺口，當人在這兩者擺盪，很容易失去冷靜而越過壓力與情緒的門檻，身體因此會發出不平的聲音，並以情緒做抗議。

自然的解決之道是靠充足的休養，但有時候似乎腦神經發生當機現象而不斷空轉，即使給予再多的休息時間也無濟於事。在我的經驗中，這種現象多數與病毒感染有相關性（圖2-3）。

醫學研究也指出，病毒感染與憂鬱的發生有關，甚至醫界朝向開發疫苗預防憂鬱症。這種患者雖然有憂鬱或身體症狀，但是往往檢查不出所以然來，在當前的醫療環境中多被歸為身心症患者，或者直接當作心理問題給予治療。

對於這種情形，其實可以用神經調節降低交感神經作用，藉此緩解壓力負荷，並同時填補生理缺口，患者通常可以迅速擺脫情緒失調且恢復能力。

圖 2-3：心理壓力 / 病痛造成危機

1. 心理壓力 / 病痛 > 自律神經失調
2. 持續交感反射 > 當機 / 空轉 > 生理缺口
3. 熱量負平衡 > 體重下降 > 危機意識
4. 本能反應 > 傷人 (戰) 或自殘 (逃)

此圖說明生活中有各種壓力在運轉，但是往往一個病毒感染造成當機或危機。

情緒失控，是你太努力了

在我的能力、壓力與情緒發生模型中（圖2-1），我認為情緒的發生是能力到了極限，使腦神經發出的本能的行為或心理。

短時間的工作超量，有可能達到情緒閾，但多數的情形是因為身心累積的壓力負荷，使得能力輸出受限而容易觸發情緒。

所以，我們可以理解為什麼有些人沒有什麼明顯的心理因素卻發生情緒失調的問題，因為通常這些很努力的人，其實早就處在壓力與情緒都很大的狀態之下，但是旁邊的人卻還不認同他們的能力表現。

如果我們可以讓當事人的交感神經平靜下來，並且得到充分的休息，有些案例日後的表現令人刮目相看。

案例 4

交感神經過於旺盛，課業、同儕、家庭三方壓力齊發
調節交感神經之後，課業表現好、親子關係融洽！

對A同學的第一印象很符合一句話「頭好壯壯」。外觀上他身材壯碩、體格健壯，內在則是一個自我要求甚高、努力學習的青少年。

根據A同學自述，為了達到自己設定的目標，他勤跑補習班，也經常挑燈夜戰，花很多時間在課業學習上。但無奈成績就是一直沒有起色，班上學校排名永遠處於停滯狀態，這個怎麼樣也跨不過的瓶頸，不僅令他感到挫折不已，還間接導致他與父母、同學間的不睦。

「在學校很容易看對方不順眼，別人隨便一句話、一個眼神、一個動作都會讓我內心的不爽炸開……。」A同學又持續說著。

「跟老爸老媽更是不用說，好像什麼都是對立的，我們之間簡直一觸及發，真的很煩。然後他們又不時鬥嘴、吵架，我也覺得很沒耐性，根本不能專心……。這樣我是要怎麼好好念書！」A同學很氣憤、無奈地說著。

種種的不如意，讓他變得愈來愈容易激動且容易失眠。A同學感覺人生被捲入了低潮，於是他出現在我的診間。交談完畢後，我幫A同學測量心率，得到

80這個數據。若光看數值並無不妥，但若將A同學的年紀、身體條件等綜合評估，我判斷這數值過高，他的交感神經過於旺盛。於是我提供了神經調節治療，最後他的心率回到60幾下，明顯緩和多了。

調整了交感神經作用之後，A同學發現自己變得更冷靜，可以應付更多突如其來的狀況，感覺做起事來得心應手，再也沒有被壓力追著跑的感受。

這些改變讓他重拾自信，不僅課業表現蒸蒸日上，就連親子關係也變得融洽很多

Dr. 梁的醫治很不一樣！

醫治研判獨到觀→ A 同學的年紀、身體條件等綜合評估，研斷交感神經過於旺盛。

從身體紓壓解痛→從神經調節下手。

就診前心率→約 80 下。

就診後心率→約 60 下。

案例 5

紓發工作壓力適得其反，上班族運動過量，情緒失調
暫停重訓且給予生理支持，不再想離職！

「工作壓力好大喔～只要星期一到五睜開眼睛時，一想到要上班，心情就一陣低落，覺得人生是灰色的，超不想離開我溫暖的棉被……。對現在的工作感到厭煩，就連踏進公司都需要深呼吸，想擺脫現狀換工作的念頭三不五時就出現。」

B小姐在診間不斷重複抱怨著工作壓力有多大、自己有多不想上班，不論是誰，只要有機會跟她對談，相信都會明顯感受到工作帶給她的壓力。

一身俐落裝扮的B小姐是個標準的白領，每天重複著朝九晚五的工作。我從她纖細緊實的體形判斷，應該有運動習慣。於是問了她幾句，果然因為想要紓發工作壓力，長期以來她養成透過運動排解壓力、調整心情的習慣。

最主要的運動分別是跑步與重訓。根據經驗我認為一直困擾她的情緒問題，直接導致的原因或許不是工作，而是過量的運動。

於是我進一步了解，B小姐表示：「嗯～之前運動完流一身汗，會覺得胸中的一口氣終於吐出去。但最近好像運動完，人還是一樣有一種欲振乏力的無力

感，所以我又加重了重量訓練的負荷。希望能找回那種汗水淋漓的痛快感。」

B小姐的回覆證實我的推測，我告訴她：身體負荷已經太大，過多的運動反而會增加負擔並影響情緒。

我建議她暫停重量訓練，因為重量訓練需要高熱量與多日的修復，如果不慎會發生過勞的現象，隨後給她靜脈輸液注射營養等等要素的生理支持，之後她很快就恢復正常，再也沒有想要轉換工作跑道了。

Dr. 梁的醫治很不一樣！

醫治研判獨到觀→一直困擾 B 小姐的情緒問題，不是工作，而是運動過量。

從身體紓壓解痛→給予生理支持。

就診前心率→約 70 以上。

就診後心率→約 60 下。

案例 6

過動、課業不佳、煩躁，原來是長期鼻塞導致讓鼻子暢通呼吸，睡飽、功課也變得好！

身材嬌小、骨架纖細的C同學在家長陪同下來到診間。我第一眼就注意到她的雙眼無神且呆滯，一張臉看起來疲倦不已，整個人散發出來的氣息就四個字：無精打采。

C同學告訴我：「老師認為我有過動的情形，要我爸媽帶我去看醫生。」原來她的課業表現一直不理想，上課時常常分心，不是東張西望，就是發呆望著窗外，總跟不上老師在課堂上的節奏。

「我不知道為什麼，但我覺得要專心很難，我沒有辦法一整堂課都集中注意力，而且上課、念書……我愈來愈覺得應付這些事真煩。啊，其實我覺得好多事都很困擾，整個就是很煩躁。」

在談話過程中，我注意到她的呼吸偶爾不通順，會用力吸鼻子且習慣張口呼吸。於是問她是不是感冒，得知鼻塞算是她的老朋友，雖然看過耳鼻喉科，但沒有根治，鼻塞時不時就會找上門，也因此她養成張口呼吸的習慣。

C同學告訴我鼻塞很不好睡，當左邊塞住她就翻右側睡，當右邊塞住她就翻左側睡，最慘的是嚴重的時候兩個鼻孔都會塞住，讓她覺得呼吸困難。

聽完後我判斷長期鼻塞是她問題的來源，於是我給予神經調節治療。幾次之後鼻塞狀況就改善了，C同學終於能獲得一夜好眠。最後她重拾充滿活力的臉龐，在課堂上也可以專心聽課、專心念書，也交出了亮眼的成績單。

Dr. 梁的醫治很不一樣！

醫治研判獨到觀→判斷長期鼻塞是 C 同學問題的源頭。

從身體紓壓解痛→給予神經調節，治療鼻塞狀況。

就診前心率→約 80 ～ 90 下。

就診後心率→約 70 下。

為什麼努力得不到回饋？

學校或社會上，不時有很努力也很成功的人，但是卻發生崩潰的情形，理論上這些資優生或成功的人士，令一般人稱羨，應該過的很快樂才對。

依據我與這些案例接觸的經驗，他們都有明顯的自律神經失調及身心症狀，其中很多的轉變非常突然，令家人或朋友驚訝，而即使再多的休養也好像沒有什麼作用，有的人可能就因此一蹶不振。

我發現這些案例雖然背後有不同的個人或環境條件，也會有各種說法來解釋他們的問題，但是同樣在紓解生理壓力之後，他們可以開始放輕鬆的處理事情，思緒變得清楚，有些人甚至變得能力更強、課業更好。

從努力到崩潰的生理變化的模型圖（圖2-4）當中可以得知，當能力波動振幅愈來愈小，身體不適的生理缺口會直線上升，不但超過壓力閥、也越過情緒閥門檻，機器使用過度都會壞，何況是肉體之軀，最後只有情緒失控一途了。

究竟要如何達到一個壓力與能力的平衡點，說白了就是讓能力維持某種程度的水平，甚至可以微幅提升，但卻不會讓壓力爆表、情緒失控。

圖 2-4：從努力到崩潰的生理變化

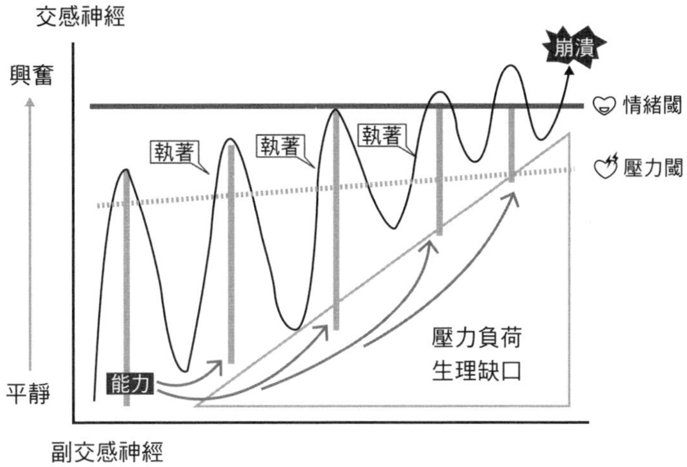

適度壓力有助提升能力及抗壓的能力

壓力或情緒常發生在學習或訓練的環境中，因此我的模型也是想要用來描繪它們之間的關係並做出預測。

任何學習或訓練都是為了增加能力表現，給予適當的壓力可以更有效達到目的。在理想中，能力可以在有計畫的身心壓力下，持續成長至某個階段；同時，情緒的控制也會隨著抗壓能力上升而更好，這也可說是情商EQ的增長（圖2-5）。

如果再加上配合得宜的體能訓練，則可以降低平靜時的生理需求，讓人

圖 2-5：適度的壓力提升能力值

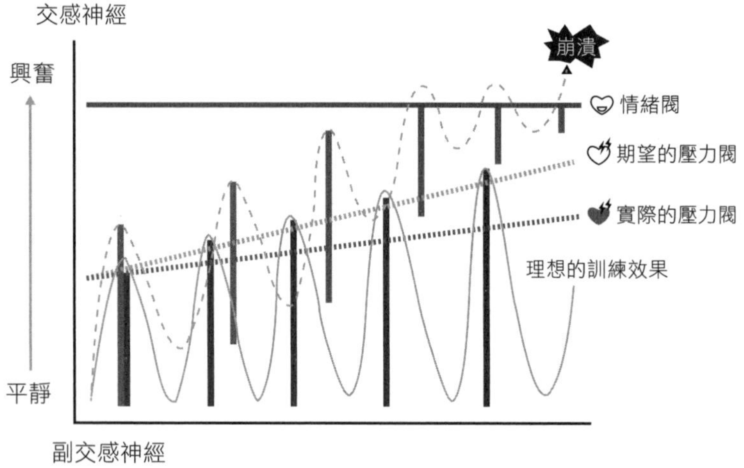

更冷靜，如此一來，能力的表現範圍將更寬更廣，那將是最完美的教育訓練結果。

不過，每個人承受壓力的能力並不相同，適合某些人的情形並不見得適合所有的人。除此之外，每個人的能力增長幅度也不相同，如果不能有效地休養恢復平靜，跟不上的人漸漸地會被累積的負荷拖垮，進入感到壓力與產生情緒的狀態，而又因為能力下降的現象會更讓人挫折，於是加重問題的嚴重性。

從模型中，我們可以了解壓力閾或情緒閾向上的空間不是沒有，但是有限，因為天分已經決定了大部分的高度；相反的，底部的空間卻很大。

因此，我大膽預測如果波動的底部太高，也就是沒有回到平靜的底部，即使天賦很高的人表現出來的也只有差強人意而已。

執著或過度獎賞，不見得是件好事

完成工作得到獎賞，可以讓人快樂、有成就而感到心情放鬆。如果從自律神經的運作去解釋，可以說是工作的交感刺激產生成果之後，轉換為副交感作用的一種現象。

在臨床觀察中，我發現重複的工作或獎賞一旦過度，會造成工作對交感神經的刺激減少，轉換副交感神經的安撫作用也會減少，如此一來，工作完成後所產生的紓壓作用也會減少。

當期待得到紓壓的慾望逐漸得不到滿足，反而會刺激交感神經形成壓力，或者也可以說「當贏得太頻繁之後，贏的舒坦變少了」。

圖 2-6：過度執著、過度獎賞的隱憂

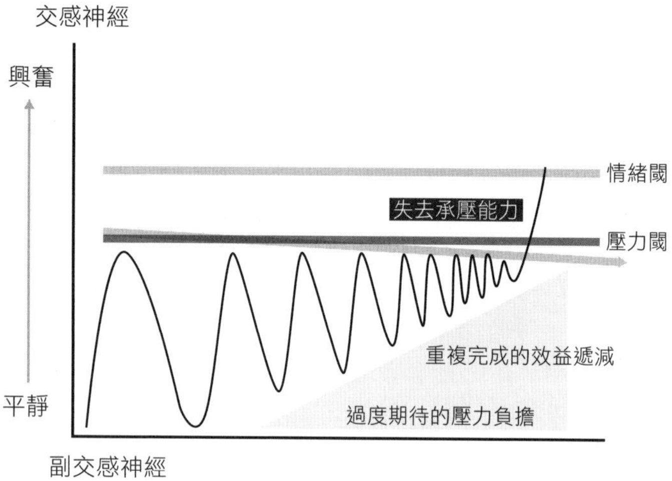

期待贏的壓力累積成不能輸的壓力，這種惡性循環使得當事人在休息時仍然承受相當的壓力負荷，當生理缺口跟著擴大後會產生倦怠卻又睡不好、放不下的心理。

這種情形常見於資優生，或頻繁使用3C產品者的身上。

持續不斷電，會讓交感神經始終處於高峰

從生理學來看，當頻繁考試或操作3C的成就感減少之後，但期待獎賞所引發的交感神經反應並未減少，而當持續這樣的狀態之下，當事者都有交感神經過度興奮的情

形，例如心率快、手發抖等等。

甚至，他們很容易觸及情緒閾而產生情緒控制問題，需要挑燈夜讀、不眠不休的使用3C產品才能緩解情緒，嚴重者甚至要到身心竭盡狀態，才能得到片刻休息。

這種現象與藥物上癮的情形類似，開始使用時會有快感或平靜，但最後促成不斷使用或操作的原因是要緩解交感神經興奮的不適，借助外力來幫助他們趕快切換到休息模式。

在我的模型中，這種循環不斷墊高生理缺口，最後當事人可能天天處在壓力與情緒中，很容易就到達崩潰的邊緣（圖2-6）。

臨床上要解決這種困境，需要中斷他們的交感神經不良反射，並且補充生理缺口讓他們可以冷靜下來，然後設計其他引起他們興趣而且能夠完成的工作或任務，從這些精心設計的活動當中，經過不斷取得完成工作的成就感與紓解效應，來跨出原來的執著所埋下的陷阱。這整個過程需要家人或朋友的支持與細心的調整，往往需要很大的耐心與時間。

休息不夠，能力當然無法發揮

許多人認為是壓力太大，導致能力每況愈下，但我更相信是他們沒有得到充分的休息、無法平靜所造成。

問題的關鍵是，努力的人面對事件時，常會為了達到目的而犧牲休息，這種特質會給他們帶來許多成果，但是也容易累積壓力與生理缺口，一旦持續壓力太久、有病痛或上了年紀，有可能一下子進入壓力負平衡的惡性循環。

尤其，能力下降的情況會給執著的當事人帶來更大的衝擊。在有些案例中，當事人會有怎麼努力都不夠的感覺，然後感覺挫折而慢慢的覺得人生乏味，當然也會有情緒失調的情形，甚至會覺得來日不多或輕生的念頭。

在我的經驗中，這時候如果給予生理支持與神經調節，就可以快速紓解他們的壓力，並且恢復精神與能力。而在平靜休養之後，有些造成他們困擾的心理因素，也能夠迎刃而解。

因此，面對情緒失調的案例時，我一直關注如何測知當事人的生理狀態，以作為診斷與治療的依據。對於他們的心理壓力事件必須等到治療後，他們平靜了才作評估。因為不平靜時，他們往往不願意說或者說不清楚。

資優生壓力爆發，變得退縮、易怒，功課一落千丈
適時調節神經後，精神好、身體強

「你好」「……」（無表情，微微點頭）「今天來看診是因為？」「不舒服……」「怎麼樣的不舒服？」「心情不好……」

以上是A同學初來到診間與我的對話模式，不難發現他講話相當精簡。中等身高、體型偏瘦的他，還滿寡言的，有點怯生退縮。他說話的時候也總是低著頭，迴避我的眼神。我不多問、他不會多說，不像有些患者打開話匣子就劈哩啪啦說個不停。

經過一些時間的交談，屬於A同學的故事是這樣的：A同學從小是個名列前茅的學生，成績優異，拿第一名對他來說是家常便飯，起碼在中小學時期是這樣。那時候考試拿滿分對於他來說易如反掌，或許是因為習慣了，這樣的優異表現他自己沒感到開心，拿不完的第一名、領不完的獎狀、獎牌，也不會令他感到興奮或滿足。

時序來到了高中，一路成績優秀的他進入資優班。結果第一名遠離他，再也沒有他的份，在班上他就是個成績中等的學生。這情況他可不習慣，於是拚了

命想奪回往日榮耀，但無奈不論他再怎麼孜孜不倦、勤奮努力，名列前茅依舊遙不可及，漸漸地在學習上他感受壓力與挫折，對周遭任何一件事開始不再勇於嘗試、爭取，轉而選擇退縮，也排斥和同學出門。此外，易怒的情緒問題也來敲門。

根據經驗我判斷，他累積了太多的壓力與生理缺口，最終導致情緒問題。因此，我提供了神經調節治療，A同學後來告訴我，他壓力感受變小、精神變好，身體舒服了也開始跑步打球，現在感覺自己有能力可以將一切應付的更好了。

Dr. 梁的醫治很不一樣！

醫治研判獨到觀→ A 同學累積太多的壓力與生理缺口，最終導致情緒問題。

從身體紓壓解痛→從神經調節下手。

就診前心率→約 90 下。

就診後心率→約 70 下。

自我的調整改善→跑步、打球。

案例 8

重感冒遺留洗手強迫症，自律神經失調惹的禍
調節自律神經、轉移重心，洗手頻率大大降低了！

某天，高高瘦瘦的B小姐出現在我的診間。一開始幾分鐘的交談，感覺並無異狀，但很快地我發現B小姐不斷搓揉著雙手，有些坐立難安。隨後她開口表示需要前往洗手間。

回到診間後，我繼續問診，了解了她頻繁去洗手間報到的原因。原來，那是一次感冒後的「後遺症」。

B小姐告訴我：「不久前，我歷經了一次滿嚴重的感冒，大概整整2～3個星期，所有感冒該有的症狀我幾乎一個都沒錯過，頭痛、喉嚨不舒服、流鼻水、鼻塞……。總之，有點慘！」

「後來醫生建議我可以勤洗手，避免再度被傳染，於是我開始了勤洗手的人生。坦白說一開始我沒有太大的感覺，但也不知道為什麼，漸漸地洗手讓我感到放心，於是變得很常跑洗手間洗手，1個小時大概會洗2～3次。後來我發現只要無法頻繁洗手，我就會開始焦慮不安，如坐針氈，覺得手很髒，想要趕快洗乾淨。」

B小姐連珠炮似地講完了上面的一長串。我想，她的不安是因為洗手已經無法帶來期望中的安撫作用，當不滿足導致壓力產生，就會陷入惡性循環中。這是生活事件中典型的交感神經刺激無法轉換成副交感神經的安撫作用，最後導致交感神經容易興奮無法平靜而形成焦慮的過程。

針對這現象，我提供了神經調節治療，並建議B小姐進行轉移策略，做點別的家事來紓緩情緒。很快地就收到效果，B小姐的洗手頻率從1個小時2～3次，減少到1～2小時洗手1次。

Dr. 梁的醫治很不一樣！

醫治研判獨到觀→洗手已經無法帶來期望中的安撫作用，最後導致刺激交感神經形成壓力。

從身體紓壓解痛→從神經調節下手。

就診前心率→約 80 ～ 90 下。

就診後心率→約 70 下。

自我的調整改善→做家事來轉移重心。

案例 9

電腦遊戲成癮，壓力情緒不斷墊高
中斷交感神經不良反射，找回學生的青春活力！

走路眼睛看地上，整個人垂頭喪氣的C同學跟著媽媽一起來到診間。媽媽眉頭深鎖，一臉憂心忡忡。

「在他小時候，我為了獎勵他有好好寫完功課，就會讓他玩電腦、打電動，想說當作一個鼓勵。哪知，現在電動好像他的命一樣，每天都在電腦前不離開，叫都叫不來，不知道在做什麼！」

C同學的媽媽愈說愈激動，語畢輕輕捶了一下兒子的手臂，接著嘆了一口氣。想必媽媽為此傷透腦。我默默觀察C同學的反應，他一臉漠然，精神渙散，彷彿媽媽所陳述的事與自己無關般。

後來我花了點時間了解，原來C同學從國小開始家裡就建立起寫完功課可以打電動的生活守則，一開始媽媽當然會限制時間，而C同學也能遵守。起初這種模式帶給C同學不少樂趣，他喜歡打電動所獲得的暢快感，慢慢地，只要感覺有壓力C同學就會試圖透過電動尋求慰藉，釋放壓力。

最後，情況漸漸失控，他不但無法控制時間，連帶的對其他活動也失去興趣，電腦是他的唯一，不僅綁架了他的時間也控制了他的情緒。只要沒坐在電腦前他就開始焦慮不安，一定非得要搞得自己筋疲力盡了，才能暫時休息一下，停止打電動。

根據經驗，我知道C同學因為玩電腦打電動欲罷不能，導致生理缺口不斷被墊高，天天處在壓力與情緒中，因此我每次視情況給予藥物或神經調節治療，以中斷交感神經的不良反射及補足生理缺口。C同學狀況目前時好時壞，需要一些時間慢慢調整。

Dr. 梁的醫治很不一樣！

醫治研判獨到觀→ C 同學因為玩電腦打電動欲罷不能，導致生理缺口不斷被墊高，天天處在壓力與情緒中。

從身體紓壓解痛→ 從每次視情況給予藥物或神經調節治療，以中斷交感神經的不良反射及補足生理缺口。

就診前心率→ 約 80 ～ 90 下。

就診後心率→ 約 70 下，仍不穩定。

第3章

從心率讀懂你的壓力與情緒，真的很簡單！

心率是最有效率的心理指標

一般壓力的評估，倚靠各種評量表、問卷或對談，不但需要當事人配合且花時間，由於這樣的方式完全倚賴作答者的配合，抗拒作答或未坦白回答，都會產生偏差。

眾所周知，動物受到壓力時，往往採取迴避的態度與行為，以避免受到注意，因此被忽略的可能性很高。更何況是受過完整教育的人類，當然很輕易猜出這些評估的意圖，可以編撰答案或故事，避免被注意。

從前面各章中我所提供的模型，除了用來解釋壓力、情緒及能力的產生機制與預測演變之外，在此也將提供一個檢測壓力的理論基礎。

依據我的經驗，壓力或情緒問題在主客觀上有各種不同的表現，但是交感神經過度興奮的臨床表徵，卻都是相似的；也因此，我認為從生理上的症狀去評估壓力與情緒，效率會更好，而且心率是最有效率的心理指標。

生理負荷、熱量消耗，心跳都知道

現行醫學上，對自律神經這方面的研究絕大多數都集中在心率變異（Heart Rate Variability，簡稱 HRV），顯示交感神經與副交感神經的互動狀況，當自律神經微調功能愈好，**HRV** 愈高。

但是我認為，生理缺口才是長期壓力與情緒問題的主要根源，所以我在臨床上，結合生理症狀和心率去做判斷，通常這樣就有足夠的資料對多數自律神經失調的案例進行治療與追蹤了。

在我的壓力情緒模型中，生理缺口是一個重要的概念（參見第99頁）。我用這個概念，把新陳代謝與心理現象連結在一起。

打個比方，如果我們突然被嚇到，會心跳急速加快而收縮也變強；相反的，在放鬆的環境中心跳理所應當會慢下來，但是若有生理缺口會使心率在休息時依然在高檔。

從動物的心率與代謝率研究中，也得知兩者是成正比，因此當熱量消耗高，代謝率也高，這就意味著需要高的心率。因為心理壓力也會刺激交感神經而增

圖 3-1：心率與熱量消耗的關係

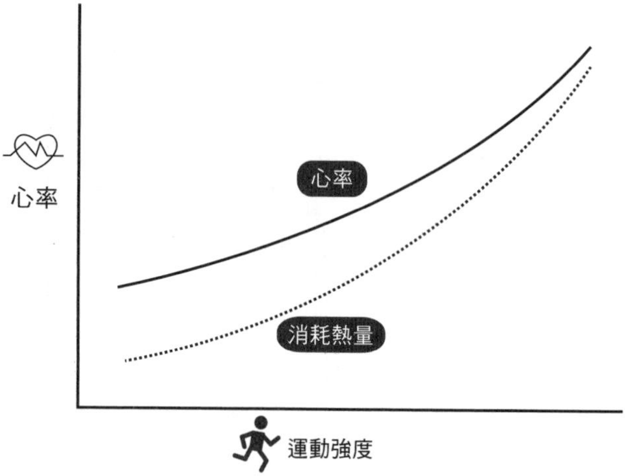

加熱量的需求，我們可以推斷：心率與心理壓力呈正相關。

也就是說，身心壓力終究反映在熱量消耗上，而熱量消耗的多寡絕大多數是與心率呈正相關，由此推論，心率可以做為評估身心壓力的客觀參考（圖 3-1）。

不說我也知！身心壓力讀心術

我之所以大力推廣從運動生理的角度去推算身心壓力，明知與事實必然會有出入，但是我認為容易檢測且避免可能失真的主觀描述或當事人隱諱不願談論的情況，甚至每個人都可以隨時監控自己的身心狀態，同時也可以了解自己所能承受身心壓力的概況。

從心率數值監看身心狀態的一大好處是，至少我們可以理解：為什麼很多年輕人表面上並沒有做什麼事，卻老是喊累或鬧情緒，令家長很不諒解，認為是在裝病；也有中老年人雖然外表健壯、生活正常，卻感覺心力交瘁、來日不多，甚至開始交代後事。

除此之外，依我的臨床經驗，有身心症狀與高心率者，治療後的反應也常與心率的走勢吻合的，而且這種情形約占九成之多；相反的，在有症狀而低心率者，心率的參考價值就低了，這種情形約有一成。

這些推算用在身心壓力上，縱然目前並沒有醫學研究的詳細資料作為佐證，但是卻與我在臨床上的經驗很符合。

我願意把這些個人的經驗分享給大家，作為參考。

從心率推算身心壓力

臨床上，心率數值貼近熱量需求狀況，而生理缺口與熱量需求成正比，也就是說，生理缺口愈大，熱量需求愈高，心率數值也愈高。因此休息時的心率值可以反映生理缺口，進而作為心理狀態的快速指標。

要進一步認識心率的生理意義，也可以先從自律神經的角度去看（請見圖 3-2）。

在現行研究中，雖然沒有確切的資料是以心率去計算身心壓力（也就是生理缺口的數值），但是我認為還是可以從運動生理上的已知資料做推算。接下來，會分享運動生理學在心率上的計算方式。

根據我的經驗，用心率監控自己的身心狀況，

圖 3-2：心率是最有效率的心理指標

●心率（每分鐘心跳次數）= 內在心率 + 交感作用 - 副交感作用

內在心率 = 心臟自發的心率

心率 × 心收縮量 = 心輸出量 α 代謝需求量

生理缺口 = 休息 – 平靜的代謝需求

休息時心率 = 平靜狀態心率 + 壓力負荷

影響心率的因素：體質或疾病、自律神經狀態、食物或藥物

壓力負荷約為交感神經量 - 副交感神經量

任何人都可以自己辨得到，方便又快速。

首先，將運動激烈的程度以心率計算，再依運動激烈的程度分輕度、中度與強度三級，以儲備心率去看，輕度運動只需50％以下，中度約需50～70％，強度約需70～90％。以一名30歲平靜心率每分鐘70下的成人為例，請見圖3-3的運動激烈程度的估算。

影響心率的疾病或例外因素

除了自律神經之外，體質、疾病、藥物等都會影響心率的判讀。例如心律不整、心室傳導遲滯、甲狀腺異常等疾病影響心率的表現，尤其服用乙型腎上腺阻斷效果的藥物，心率的數值不一定能反應心理症狀的嚴重性。另外，咖啡、茶也會有影響。

心率在休息時偏高的情形下，做為診斷與治療的參考性很高，因為這時候的數值與生理缺口或壓力負荷量呈正相關，也就是偽陽性很低。

但是，當事人的心率偏低，也就是在休息時心率低時，以心率做為診斷與治療的參考性偏低，因為偽陰性偏高。這種情形多發生在長期運動特別是長跑者

圖 3-3：心率——運動激烈程度的估算

- 極限心率 (Max HR)=220- 年齡
- 儲備心率 (HRR)= 極限心率 - 休息時心率
- 中強度運動 = 使用 50-70% 儲備心率；
  高強度運動 = 使用 70-90% 儲備心率

舉例：假設一名 30 歲成人的正常休息心率為 70 下

- 他的極限心率是 220-30=190，儲備心率是 190-70=120
- 60% 的儲備心率是 120X60%=72， 80% 的儲備心率是 120X80%=96
- 如果休息時他的心率是 80 下，則一天下來約多做了 3.3 小時中強度或 2.5 小時高強度運動
- 如果休息時他的心率是 90 下，則一天下來約多做了 6.6 小時中強度或 5 小時高強度運動
- 如果休息時他的心率是 100 下，則一天下來約多做了 10 小時中強度或 7.5 小時高強度運動

上，這可能是因為當事人的基本心率低到每分鐘50下，當休息心率提升到每分鐘65下時，雖然比一般人低，可是已經開始感受心理壓力了。

測量心率的變化，可以給我們一個客觀指標，顯示我們需要多少能量完成工作，所以心率的回復表現也顯示了我們的復原與否。至於心率回復的速率，取決於工作負荷量與身體回復能力。

總而言之，除了受藥物與心臟本質因素影響心率的判讀之外，多數情形之下心率反應自律神經狀態，也與代謝需求成正比，因此心率的增加或減少，也反應身體熱量需求的增加或減少。

一個動作測出你最近壓力有多大！

以心率研判身心承受壓力的程度，可以提供比較清楚的數據，它的實用性約八、九成以上，在追蹤治療上更好用。在絕大部分的案例中，心率誠實反應療效，是個非常有效率的身心指標。

圖 3-4：壓力的自我測試

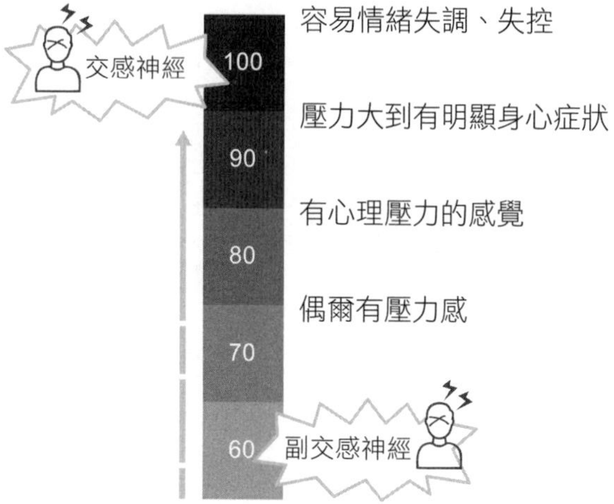

在我的經驗中，一般人的休息狀態心率約每分鐘70～80下，這個範圍我定之為綠燈區，只有少數人有心理壓力的感覺。

在80～90下之間，我定為黃燈區，在這範圍已經有一些人有心理壓力的感覺了。

在90～100下之間，我定為紅燈區，在這個範圍大多數人有明顯的身心症狀，其中有些人已經相當不舒服了。

在100下以上，我定義為紫燈區，因為除了情緒失調外，有的人已經有失控的傾向，例如拒絕談話、輕生、哭泣暴怒或暴力傾向。

因此，對於症狀與心率吻合的身心失調患者，我常用心率作為神經調節治療前與治療後的指標效果（圖3-4），並且設定每分鐘70下為治療目標。我的經驗中，絕大部分的這類案例都符合這樣的模式。

現在，就開始監測身心壓力數據吧！

測量心率的方式，可以是簡單的手腕脈搏檢查，或者精密的多極心電位檢測。現在的心率測試工具很普及，而且不論是智慧型手機或手錶都有監測心率的功能。例如，也可以利用免費的應用軟體（**Heart rate monitor**），從手機鏡頭讀取指尖的血流脈動而計算出心率，很容易就可以將自己的心率記錄下來。

監測心率變化作為身心狀態的衡量指標，是一個相當簡單又實用的方法。那麼，究竟要監測自己什麼時候的心率呢？

首先，你需要測量休息或平靜時的心率值。正常的情形下睡醒（包括午睡）未起身的心率，都可以做為比較的基準。你可以多測量幾個，並計算平均值。

其次，由於運動前後心率的變化與復原，常用在運動醫學上，不但可以反應運動負荷與恢復能力，同時這也能夠反應自律神經系統的狀態，因此也可用在各種疾病甚至癌症的篩檢上。

同樣的道理，我們可以將心率監測運用在工作與壓力上。以下分別是睡覺前後、工作前後、休息前後、身心壓力前後等心率監測說明（表3-1）。

●睡覺前後心率

睡前睡醒後心率，可以反應身體的律動。如果睡前心率偏快，則有可能日間壓力未緩和，這很容易有精神亢奮而失眠的現象。如果睡醒時心率已經緩和，則顯示睡眠至少能紓解部分壓力。如果仍偏快或更快，常表示壓力已經逐漸超出身體的修復能力，當事人通常已經有明顯過勞現象或情緒障礙。

●工作前後心率

同樣的道理，工作前後心率變化與心率復原情形，也反映工作壓力的累積情形。理想的狀況是工作中有快有慢，然後恢復正常。如果都偏快少有緩和，那麼就有可能在工作中的慢性與急性壓力都很大；如果合併失眠與情緒問題，則已經進入紅色警戒區，需要休息與治療。依我多年的經驗，如果休息時心率常在一百下以上，通常會有明顯的暴力或輕生傾向。

●休息前後心率

休息後或放假後的心率，也反應身體的復原情形。過高的心率反應休息不足，發生假日後症候群的機會很高。此外，當我們採用各種方式紓解壓力時，心率的緩和狀況也可以做為我們紓壓效果的參考。

●當有壓力或情緒時的心率

用心率檢查自我測試情緒與壓力閾，也是可行的方式。當自己覺得有壓力或情緒不佳時予以紀錄，累積的數值記錄下來會呈現帶狀，這個帶狀的下緣可以代表壓力域，也就是感覺壓力的底線，通常會落在80～90下之間。

情緒閾則不易紀錄，需要有自知之明，但是在我的臨床經驗中多數是大約在每分鐘100下左右以上。

表 3-1 自己的心率自己量

心率測量		第一天	第二天	第三天	第四天
睡覺前後	睡覺前				
	起床後				
工作前後	工作前				
	工作後				
休息前後	休息前				
	休息後				
壓力前後	壓力前				
	壓力後				

心跳告訴你，身體沒說的秘密

值得注意的是，心率是顯示自律神經系統控制心跳狀態的指標，但不見得等於交感神經的水平。

除非是有心臟病情的需要，如果刻意用藥物阻斷，心臟的交感神經已經受到控制，心率會因此達到緩解心悸或胸悶的症狀，結果會發生心臟收縮的輸出量不足的情形。長此以往，生理缺口會持續擴大，當事人的身心症狀可能逐步增加，不久之後需要更多的抗憂鬱藥物治療。

在我的臨床經驗中，一旦發生熱量負平衡（參見第98頁），表示當事人已經到了身心交瘁難以維繫的地步。發生這種惡性循環的案例並不少（例如：心悸胸悶吃藥控制），雖然耐心的調理之後，年輕的患者還是可以擺脫這種困境，但是多數年長患者已經沒有多少心力產生動機去挽回了。

因此，我認為生理缺口與情緒的關係最密切，但是傳統測量困難而且不實用，另一方面雖然以心率反映自律神經作用與生理缺口會有誤差，但是容易操作且實用性高，也不怕當事人隱瞞，可以做為情緒狀態的篩檢與追蹤的指標。

用心率判讀你的健康狀態

心率的判讀上，除了受藥物與心臟本質因素影響外，多數情形下心率會反應自律神經狀態，也與代謝需求成正比。因此，心率的增加或減少，可說是如實反應身體熱量需求的增加或減少。

我們心率也可以運用在工作、課業、疾病等壓力的客觀量測上。接下來將例舉臨床上，關於心悸、胸悶、憂鬱、過勞、心血管疾病、癌症、課業、食慾不振或肥胖、鼻塞、胃食道逆流、慢性疼痛等心率的前後變化，將有助於大家有所了解。不妨也隨時監控自己的心率，為自己的健康把關（緩和及紓解方式請見第4章）。

●心悸、胸悶

- **A心率從約90下，下降至約70。**

A經檢查沒有明顯心血管疾病，他採用跑步紓壓，幾個星期之後他的休息時心率由每分鐘90下左右緩和到70下出頭，他覺得身體與精神都舒暢。

●N心率從約70下以上，調整為約70下。

N有長年騎自行車運動的習慣，身體狀況絕佳，他的心率平常約在每分鐘60下左右。近來他常感到胸悶與心悸，經檢查並無心血管問題，但是心率約在70幾下。經指點後他減少騎車，而多跑步、爬山，心率回到約70下，胸悶心悸的情形也改善了。所以，有時候心率變動比心率絕對值更能反映承受身心壓力的狀況。

●憂鬱、情緒問題

●B心率從約100下以上，下降至約60～70下。

B因感情問題有一段時期有過藉酒澆愁，但是心情依然無法放鬆，而身材與失眠問題卻愈來愈嚴重，平時的心跳有時高達每分鐘100下以上。後來他藉由健身與跑步，不但恢復身材，也從憂鬱的情緒困擾中走出來，平時的心率緩和到60～70下之間。

●C心率從約100下，下降至約80下。

C在某次生病後就容易有心情不好，嚴重時會有輕生念頭，她的心率每分鐘約100下，到卡拉OK唱歌會使她放鬆心情，心率緩和到80幾下。經指導之後，她學會監測自己的心率，並嘗試各種休閒活動，希望找出適合自己放鬆的方式，也知道何時該尋求治療。

●M心率從約90下，下降至約60～70下。

M因憂鬱而長年服藥雖然屢次增加劑量，她的心率仍在每分鐘90下，因此不時有不舒服的感覺，經神經調節治療後，她的心率逐步緩和到70下，同時也逐步將藥物減少到最低量。之後，她常上健身房並且可以恢復正常社交，她的心率進一步緩和到60～70下之間，整個人變得活力十足。

●Y心率從約70～80下，下降至約70下。

Y發現自己的平均心率在每分鐘70～80下，但是到了85下以上時就很容易心情不好或易怒，因此她在感覺不適時，就嘗試各種方式，讓自己放鬆，心率也緩和到70下左右。

●過勞

•D心率從約90～100下，下降至約70下。

D因為工作繁重時常有情緒與疲勞問題，有時候甚至需要請假接受支持治療，讓心率可以從每分鐘100下緩和到90下以下，後來他改變飲食習慣，減少酒與咖啡，並且避免長時間泡澡，心率緩和在80下以下左右之後，就感覺好多了。

•E心率從約80～90下，下降至約70下。

E因為工作壓力大，常上健身房運動紓壓，平時的心率約每分鐘70～80下，跑步休息之後的心率約70下，而重訓之後的心率約80下。重量訓練，讓他增加力量，而且帶來自信，因此他轉而加強這方面的訓練。經過數週之後，他的平均心率來到每分鐘90下，感覺時常疲倦，而且心情不好，經指點他休息兩週暫時放棄重量訓練，改採游泳之後，心率緩和到70下左右。

●心血管疾病

•F心率從約90下，下降至約60下。

F在一次心肌梗塞之後裝置血管支架，雖然例行檢查結果都正常，但是他仍然時常感到胸悶、呼吸困難，雖然他服用藥物控制心率，但是休息時心率仍然高達90下。經指導他逐步增加運動量數週之後，休息時心率緩和到60下，胸悶的情形也大為改善。他也開始記錄自己的心率變化，作為調整藥物的根據。

●癌症

•G心率從約90下以上，下降至約70下。

G因子宮癌手術而有下肢淋巴腫脹與腰痛的困擾，她有強烈輕生的念頭，心率約在90下以上。經治療解決痠痛與行動問題之後，她的休息心率回到80下以下；同時調整生活步調，時常參與社交與戶外活動，她的心情愉快，而且心率恢復正常的70下左右。

● X心率從約90下以上，下降至約70下以下。

X在乳癌手術後有肩痛與憂鬱的問題，初期藥物治療雖然可以緩解她的不適，但是症狀逐漸超出藥物的控制，她的心率約90下以上，常感覺疲累不舒服。經治療解決肩痛問題後，她休息時的心率可以在80下以下，也逐步減少藥物並增加活動，心率甚至可以在70下以下，當然情緒問題也紓解了。

● K心率從約80下，下降至約70下。

K有固定運動的習慣，但是近來他感覺頭暈，初步身體檢查顯示輕微貧血，而心率約每分鐘80下，進一步檢查發現他患有大腸癌。手術之後，他的貧血改善，心率回到70下左右。

● 課業

● H心率從約80下，下降至約70下。

H的功課繁忙，讓她情緒變得不好，這時候的心率約為每分鐘80下。

她會利用長跑流汗紓緩壓力，休息之後心率回到70下以下，這時她感覺頭腦清楚心情放鬆。

•Z心率從約90∫100以上，下降至約85下。

Z有時功課忙時會鬧情緒，這時候他的心率常在90∫100下以上。指導Z的媽媽學會監測他的心率，並且帶他做一些紓緩的活動，盡量讓心率緩和在85以下。

•R心率約90∫100以上。

R上課時忍不住而趴在書桌上，老師檢查她的心率值為100上下，發現情況有異，因此送她到保健室休息，休息之後心率略為緩和，但仍在90下以上，因此告知家長要對她加強輔導。

●食慾不振與肥胖

•I心率從約80∫90下，下降至約70下。

I在一次生病後，不但體重下降且食慾不振，身體檢查結果正常。但是，他的休息時心率約每分鐘80～90下，經指導減少油膩與高蛋白飲食，並攝取均衡營養的食材，並且增加活動量，心率緩和到70下，而且食慾與體重略有增加。

● **P心率從約80下，下降至約70下。**

P因為工作忙碌疏於運動而有肥胖的現象，他的體重在幾年當中增加了15公斤，同時有容易疲倦、氣喘吁吁的情形，他的心率約在每分鐘80幾下，只要稍微小跑或上下樓梯，心率很快達每分鐘120下，而且要休息20～30分鐘以上才能恢復。經過幾週的快走與小跑訓練之後，他的體重減少5公斤，休息時心率約每分鐘70下左右，而小跑後的心率回復速率改善為15分鐘。

●鼻塞、胃食道逆流

● **D心率從約90下以上，下降至約70下。**

D有多年慢性鼻塞、胃食道逆流與失眠困擾，雖然定時服藥清洗鼻腔，仍然沒有得到滿意的控制。他的休息心率達每分鐘90下以上，經神經調節治療，並將日常喝溫熱開水的習慣改為冰冷水為主，他的症狀改善，而且心率也緩和在每分鐘70下左右。

●慢性疼痛

● K心率從約90下，下降至正常值。

K因肩痛而睡不好，她容易頭暈與心悸，測量起來血壓偏高而心率都在每分鐘90下左右，治療舒緩肩痛之後，血壓與心率都恢復正常。

● L心率從約90下，下降至約70下。

L常有情緒失調的問題，會忍不住發脾氣或哭泣，她的心率都在90下左右，經查詢發現她也有慢性腰痛問題，當腰痛治好之後，她的心率回到每分鐘70下出頭，心情也恢復正常。

心率恢復速率

根據醫學研究，心率恢復速率與我們的健康狀態有密切關係，在數分鐘的行走或中度的運動之後，第1分鐘休息時的心率減緩不到10～12下，或第2分鐘達不到20～24下，代表心肺功能有明顯病態。另外，在正常的狀態下運動後，心率約在半小時後回復休息時狀態。

在我的臨床觀察中，心率恢復的情形同樣與身心的壓力有關，如果病患坐下之後1～2分鐘內心率沒有緩和5～10下以上，或者心率保持在90以上，這類案例常常伴隨明顯的身心壓力，壓力愈高，心率偏高而緩和的情形愈不明顯。

對於使用運動紓壓的人士，這樣的心率觀察也可以提供明確的數據做為依據。如果生活作息從不太運動調整為規律運動，通常心率的恢復速率會在一周左右開始改善，同時休息時心率也會逐漸降低。

如果過度運動或者積累壓力過大而產生過勞或過度訓練的情形，休息時的心率會明顯升高，同時心率恢復的速率會減慢，從心率檢測中我們可以因此在事態惡化前得到清楚的警訊，從而採取休養的策略。

案例 10

出社會適應不良，求助身心科未見改善
改善交感神經惡性循環，神清氣爽進入職場了！

C先生第一次就診是爸媽一起陪他來的，更正確的說法應該是爸媽一起「押」他來的。「蛤，什麼？」是C先生回答問題的標準答案，不管我問什麼，他都是用無神呆滯的雙眼看著我，然後這麼回答，整個人看上去給人一種魂不知道飛去哪裡的感覺。

媽媽對於兒子的改變感到難過又無奈：「他以前明明很活潑，社團活動一堆，對班上的事務也很主動積極，辦活動時常看他又是畫海報又是擺攤叫賣。可是出社會之後一切都變了，他經常喊累，對什麼事都提不起勁。」

「我很擔心，怕他是身體出狀況，帶他去做了全身檢查並沒發現什麼問題。也去看了身心科，而且持續都有在吃藥，可是也沒什麼改善。醫生，怎麼會這樣？我覺得兒子都變成另一個人了！」媽媽接著又說。

爸爸又是另一種心情，內心裡有著滿滿的不認同：「我實在不知道他在幹嘛，上班喊壓力大說辭職就辭職，成天無所事事，不是躺在床上發呆，就是坐

在沙發放空，叫他做一點事就拚命喊累。」

綜合他們三個人給我的資訊，我認為C先生正處於生理缺口已產生，而且又讓交感神經作用更強地惡性循環裡，我請他測了一下心率，果不其然每分鐘高達100下上下。我為他進行神經調節治療，4週後他的心率已下降為每分鐘70下。

最後一次看診時，他對我說：「醫生，我現在整個人覺得清爽許多，而且又回到職場了，再次展開新生活的感覺真好！」

Dr. 梁的醫治很不一樣！

醫治研判獨到觀→ C 先生處於生理缺口已產生，而且又讓交感神經作用陷入更強的惡性循環之中。

從身體紓壓解痛→進行神經調節治療自律神經失調。

就診前心率→約 100 下。

就診後心率→約 70 下。

案例 11

公司老闆過勞壓力大、暴躁怕熱、喘不過氣
改善心率又運動，人變得輕鬆、心情平穩！

「唉～」50多歲的D先生才進診間、剛坐下就嘆了好大一口氣，我們還沒展開交談，光是看他眉頭深鎖的模樣，都可以感受到他肩上的壓力。

他是一間小型公司的老闆，每天總是有接不完的電話和開不完的會；既使是周末、放假日，他腦子裡想的都還是發包給哪個廠商、利潤要抓多少等各種和公司有關的大小事，整個人隨時處於緊繃的備戰狀態。

「我確實感受到不小的壓力，有時候會覺得喘不過氣，但背景相似的朋友也都有類似的經驗，想想又覺得這些反應好像也沒什麼。可是！前一陣子陸續出現一些狀況，我覺得愈來愈不對勁了！」

在問了D先生為什麼來找我之後，得知他除了每天覺得非常疲憊之外，也變得很怕熱，不管在公司還是家裡，最常聽到他說的一句話就是：「你們冷氣調幾度啊？怎麼這麼熱！」

此外，他的脾氣也明顯變得不好，有一次竟然為了洗手間的水龍頭沒有關緊而大罵員工。更糟糕的是，他容易疑神疑鬼，老覺得別人在算計他。

根據多年的臨床經驗，我認為D先生是典型的身體過度運轉、熱量消耗太多，診察時幫他測了心率每分鐘90下，也呼應了我的推測，於是我建議他進行神經調節治療。

在幾次對話的過程中，我知道在日常生活裡他偶爾會練習武術，我特別鼓勵他持續這個習慣。治療後，D先生的心率有明顯的下降，每分鐘約60～70下，他說整個人感覺輕鬆許多，心情和情緒也都變得平靜穩定。

Dr. 梁的醫治很不一樣！

醫治研判獨到觀→ D 先生是典型的身體過度運轉、熱量消耗太多。

從身體紓壓解痛→進行神經調節治療自律神經失調。

就診前心率→約 90 下。

就診後心率→約 60 ～ 70 下。

自我的調整改善→持續武術運動。

第4章

自己的身心不快自己救：

處理壓力技巧活用術

懂得紓壓才是王道，但怎麼做更重要

在現代社會中，由於工作繁重與競爭激烈，為了保持工作能力，除了努力之外，紓壓的效率成為保持優秀與競爭的先決條件（圖4-1）。

一天二十四小時之中，總是需要安排時間吃飯、休息、睡覺，而且隨著年歲增長，副交感神經作用將會日漸衰退，這意味著我們的修復能力也跟著降低，要維持長年相當的工作量，更需要有效率的休息與紓壓。

也就是說，人生在世，時間有限，身體也有限。

長年的在門診經驗中，看過多少優秀人士，當經過不斷的挑戰之後，也會因為發生情緒或健康問題而敗下陣來。因此，如何在有限的時間與資源內完成，並且懂得休養生息，是學生、也是社會人士不斷面臨的挑戰。

其實，動物本身就具有紓解壓力的本能，人也不例外，但是這些本能各有其特性與陷阱。我將這些紓壓本能歸納分析，希望大家可以熟悉運用，這樣不但可以減少時間與資源的浪費，也可以減少發生副作用的機會。

處理壓力的四大技巧

身心壓力會促使人產生紓解它的慾望與反應，這就好比餓了會有吃的慾望並且去找食物，食物是最具體且影響身體最大的東西，如果沒有清楚食物的成分與時效，就隨意飽餐一頓，有時候也會發生健康問題。

同樣的紓解身心壓力時，也會利用各種行為本能去緩解，與滿足食慾的行為一樣。然而，這些本能的行為或許一時緩解了問題，但是也有可能引起料想不到的副作用。尤其，人際關係十分微妙而複雜，只憑著動物的本能去發揮可能會引起意想不到的後果。

因此，根據我個人的臨床經驗與理解，將這些應對壓力的本能行為歸類為四大項，包括：轉移或取代策略、稀釋策略、竭盡策略、中斷策略，並在書中詳細說明它們的效用與注意要點。

這些紓壓技巧是人們既有的本能，有的你會覺得似曾相識，有的你讀了之後會恍然大悟。不論如何，希望大家可以了解其特性，選擇適合自己的紓壓方式來使用，如果覺得成效不錯，請持之以恆；如果嘗試一段時間之後覺得差強人

圖 4-1：紓壓的效率——優秀與競爭的先決條件

●時間有限：

- 生涯 = 工作時間 + 休息時間

●身體有限：

- 副交感神經的作用決定交感神經的操作空間。
- 年紀愈大交感狀態高、副交感能力低。

●壓力的處理效率

- 壓力是進步的力量，也可能是倒退的開始！
- 以有限的時間與身體完成最多或最大的工作！
效率產生信心！

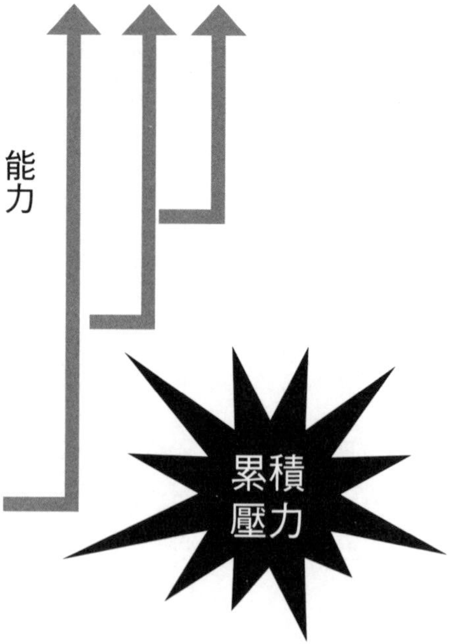

意，那麼就換其他處裡壓力的技巧試試，相信一定會找到適合的紓壓方法。

總之，多讀幾次處理壓力的技巧，熟悉且運用它們，讓壓力不再是壓垮駱駝的最後一根稻草，而是進步向前的動力支柱。更棒的是，這四大項處理壓力技巧，不但可以在日常生活中幫助你自己，也可以幫助身陷壓力風暴的親友。最後，提醒選擇做任何紓壓方式時，過與不及都不好，並且要了解其特性，避免產生負面作用。

①轉移或取代策略：尋找新朋友、新環境、新目標來轉移注意力

如果心理壓力的來源，是可以或者必須放下的事物或環境，我們可以優先考慮用別的標的來轉移或取代原來滋生心理壓力的事物。

「轉移策略」是指改變原有的相似選項，「取代策略」則是指以新換舊，這兩者在我的模型裡沒有差異（圖4-2）。

轉移或取代的策略很容易被理解，也很普遍運用在我們的日常生活中，事實上這也是我們面對困難挑戰時，常常不經意採用的本能行為。

例如，某甲的工作壓力難以承受，他可以考慮換個工作。某乙失戀了，他（她）不得不尋求別的戀情以取代過去的戀情。某丙的家庭問題給他很大的困擾，於是選擇參加宗教團體來轉移家庭寄託的渴望，從中獲得溫暖與慰藉。

這種轉移或取代心理壓力的技巧，在於尋找新朋友、新環境、新興趣或新目標，或者從另一個角度提供溫暖、安全、新鮮、刺激等等事物或環境，都符合當事人求變的動機。

紓壓奏效關鍵！強烈動機、持之以恆

紓壓能不能成功的關鍵就在於當事人的動機，當事人求變的動機愈強，愈容易放下原來造成心理壓力的事物，這種轉變將原來激起的交感神經作用，導向副交感神經的方向，因而產生放鬆減壓的效應。

人們對於已經習慣的事物，例如摯愛的親友或熟悉的工作，可能沒有辦法一下子釋懷，有時候需要多一點的時間去軟化原來的執著所激起的交感神經作用。過去在臨床上，我最常建議給病友使用轉移或取代策略，因為這種技巧很適合用在改善強迫行為上。

例如，膀胱過動症的患者會不斷的有尿意，嚴重的一小時要上四～五次廁所，這樣的患者在腦部與膀胱間有很頑固的神經條件反射，雖然神經調節治療可以緩和反射強度而緩解尿意，但是還需要作轉移或取代的訓練，這麼一來，即使是很頑固的強迫症行為，也可以不藥而癒。

至於一般的心理事件也可以採用轉移或取代的策略，只要能建立當事人求變的動機或慾望，並且持之以恆，就可能奏效。

圖 4-2：轉移或取代策略的技巧

可以或必須放下的事、物、環境

- 找新朋友、新環境、新興趣、新目標！
- 固化的反射需要時間軟化。
- 營造求變的動機：提供溫暖、新鮮、刺激…的事物環境。
- 避免轉移怨恨：避免這個本能的負面作用。

啟動正面動機，健康向前行

轉移或取代策略是出自人類的一種本能，很容易被接受與認同，可以應用在幫助自己或幫助別人的情況下，但要注意：在轉移或取代的作法上，動機很重要。

願意放下過去，迎向未來的動機，可以是正面的求好求變，也可以是負面的怨恨或仇恨。正面的求新改變需要計畫與經營，而負面的憤怒很容易操作為負面的動機，進而激起負面行為，在日後很可能衍生出其他問題。

因此，被諮詢的人如果只顧著趕快轉移問題的焦點，藉此緩解當事人的心理壓力，而沒有注意到動機的負面性，有時候會產生不好的陰影。

想趕快得到效果是眾人都有的心態，其中以負面轉移策略最快奏效，所以當事人的親人容易成為被怨恨的對象，日後引發嚴重後果的情形並不少見。

案例 12

情場失利導致憂鬱纏身，朋友陪伴轉移重心

戒除藥物恢復社交、結婚生子，很美滿！

第一次看到高高瘦瘦的A先生，愁眉不展，悶悶不樂，感覺頭頂上似乎頂著一片烏雲般。我有點納悶是什麼情況，可以讓正值青壯年的他如此缺乏朝氣。原來，他經歷了一段精神上的重感冒——失戀。

兩性交往分分合合難免，只不過A先生的故事發展確實戲劇化了點，讓他措手不及。原來，A先生在學生時期曾經有一位相戀已久的女友，在旁人眼裡兩人感情穩定，A先生也一直以為他們有著共同的目標，正一起併肩攜手踩著和諧的步伐邁向未來。

怎料，才一入社會沒多久，女方不僅琵琶別抱提出分手要求，並在極短時間內就與新對象邁入禮堂嫁作他婦。

接下來的兩個月，A先生將自己關在房內，足不出戶。他說：「那打擊實在太大，我毫無防備。每天只要醒著腦海中就不斷浮現各種畫面，甜蜜的、痛苦的都有，不斷交錯。我不只悲傷，還很想死，想要一了百了……」

針對他的情況，我除了提供抗憂鬱與鎮定劑的藥物治療之外，也建議他好好

利用轉移技巧，讓自己內在的壓力得以紓解。A先生很幸運，身邊有朋友支持著他，每到假日都會拉他出門一起到戶外走走，另外也邀他一起運動鍛練身體。

漸漸地A先生擺脫了憂鬱情緒，恢復正常社交生活。更棒的是在朋友介紹下，他結識了現任老婆，結婚生子，生活幸福圓滿。

Dr. 梁的醫治很不一樣！

醫治研判獨到觀→失戀後的憂鬱症。

從身體紓壓解痛→暫時提供藥物做緩解治療，同時建議要利用轉移技巧，紓解內在壓力。

自我的調整改善→與朋友相約出遊、上健身房運動。

案例 13

孤獨感不是主因，腰痛才是問題根源

疼痛治癒後，積極交友聯誼、出外旅遊，充滿活力！

「唉～孩子離我好遙遠。」「唉～我好像有點倒楣，不知道為什麼會罹癌。」「唉～身體痛到走不動。」我對B女士最深的印象就是愛嘆氣。在我們交談的過程中，她只要開口，十之八九都會先大大嘆一口氣，讓人深切感受到她滿腔的無奈與無力。

身形圓潤的B女士，在十年前動過乳癌手術，是個癌症患者。術後一切順利，但是當經歷這一場大病之後，在她心中留下無法抹去的陰影。

除了健康問題，目前在她心中最大的遺憾就是與親子的關係。B女士有兩個小孩，小孩們成年後各自在外努力，不常圍繞身邊，這讓B女士覺得與孩子關係疏離，內心難免寂寞，厭世的念頭經常在腦海中盤據，久久不散。

交談中我注意到B女士的右手一直揉捏著腰部。一問之下得知她長年有腰痛困擾。腰痛影響了行動，也影響了她的社交生活。B女士表示自己已經許久沒和朋友見面聚會了，自己都有一種離群索居的孤獨感。

我判斷B女士最根本的壓力來自於疼痛，於是從治療生理的疼痛下手。經過

心裡的痛，身體會知道！

治療之後，B女士的健康問題得到控制，她開始重拾行動力，之後積極聯繫以前的同學與朋友，不時穿梭在各朋友群間，忙著交誼與旅遊活動，偶爾也會爬山、散步，再也沒有悶在家裡唉聲嘆氣了。

Dr. 梁的醫治很不一樣！

醫治研判獨到觀→判斷 B 女士最根本的壓力來自於疼痛，而非親子關係造成。

從身體紓壓解痛→腰痛治療。

自我的調整改善→重啟交友圈、 旅遊、爬山、散步等等。

②稀釋策略：完成其他事務，製造交感神經活動完成的紓解效應

對於無法逃避或短期不能解決的問題，當事人可以學著如何去稀釋它所帶來的壓力。因為，有時候問題或壓力的消除不是自己可以操控的，無法逃避、也無法馬上解決，需要時間與時機。

面對這種情形，最重要的是避免執著而陷入鑽牛角尖的情形，因為那樣會持續刺激交感神經的作用，導致更快速累積壓力；一旦生理缺口太大，情緒失調問題就更加嚴重，因此面對這種情況要有長期抗戰的對策。

稀釋的作法是，利用各種可以完成的活動，製造交感神經活動完成的紓解效應；同時，避免執著於原來的問題而使神經反射不斷自我固定化。如此一來，才不會出現問題已經解決了，心理壓力卻還在的現象（圖4-3）。

原來如此！多才多藝就是在稀釋壓力

在我的求學過程與工作中，發現很多優秀的同學或同事幾乎多才多藝。這一點除了可以用天分解釋之外，我認為這是因為他們善於運用稀釋的技巧。

因為參與多種可以完成的活動，一方面可以學到更豐富的知識或技能，另一方面可以製造完成效應以紓解壓力，同時多種活動可以避免在接受挑戰中陷入執著的陷阱。其實，自古以來從禮樂射藝書數，到現代的各種才藝活動，教育的內涵都一致強調多才多藝的教學。現在，學生學習才藝的原始本意是良善的，問題是每個學生的天性不同，要如何適才適性很難決定。

無論如何，最重要的是壓力點的設計。因為要有一點壓力，挑戰完成後的紓解效應才會好；壓力不夠或者挑戰性不夠的學習，完成效應會不好，後續產生動機持續下去的可能性就變低了。相反的，一開始時難以完成而沒有達到完成效應，這樣的學習的壓力太高，無法產生動機會遭到排斥，如果繼續下去只會增加多餘的壓力負荷，這樣的狀況不容易長期維持。

紓壓要有效率，就要懂得拚命玩

稀釋壓力的作法是我常給病患的建議，學習與身心壓力共處的前提是，避免執著於當前的人事物。例如，不幸罹患癌症會給人很大的刺激造成壓力，雖然心理上可能從拒絕、生氣、討價還價、憂鬱到接受，即使外人看來手術成功，但是往往留下揮不去的陰影。

在過去有多次癌症患者問我，該如何繼續面對人生，我會勸他們最好是認真治療並且拚命玩。因為走出陰影最好的策略就是積極參加各種活動、改變生活內容、增加紓解性的感官享受、爭取友誼或團體的支持等等。

其實，每個人生下來就有一個相同的不治之症，而且遲早會發作，畢竟人生苦短，一直執著於某人某事某物不見得划算。

如果有學生問我該如何面對課業的壓力，我會勸他們試著安排其他的興趣或運動，沖淡課業所帶來的壓力，因為長期而言，紓壓的效率可是比硬拚來得重要。如果有人問我親子問題，我會勸他們安排各種親子活動，減少遊說的努力，因為說太多容易各自堅持不下。雖然很多專家都強調親子溝通的重要性，但是沒有問題時才好溝通，真的發生問題時常常愈說愈僵。

總之，採取稀釋策略，悠遊自得在不同的活動之中，壓力不但減少，而且會覺得問題沒那麼折磨人，當大家都向前看之後，時間就會發揮療癒的功能。

圖 4-3：稀釋策略的技巧

無法逃避或短期不能解決的問題

- 為了防範執著現象（持續性條件反射）！
- 增加別的活動或挑戰，改變生活內容。
- 增加紓解性的感官享受、寵物…
- 加入友情或團體的支援。

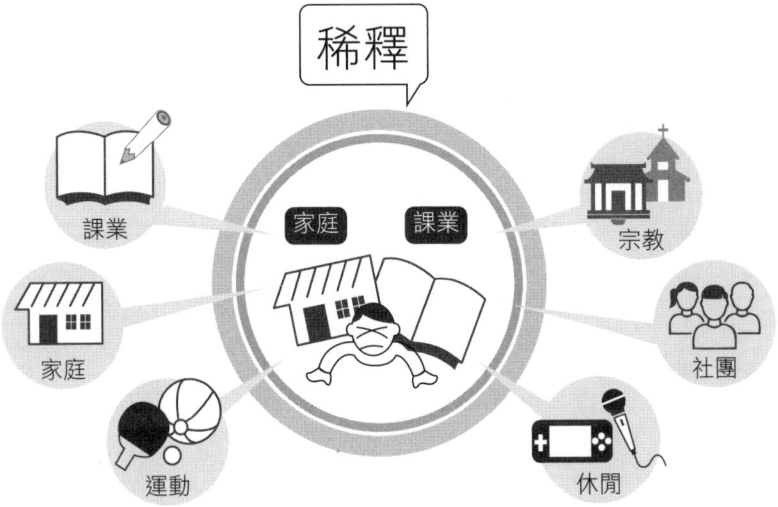

紓壓設計三要點：有興趣、可完成、得支持

從自律神經興奮的角度，看待轉移、取代或稀釋，都是要用一個或多個可以完成而達到平靜的事件去紓解壓力。無論對自己或對別人，都要慎選這些活動或刺激，不但要可以引起興趣，也要可以完成的，或者是可以得到支持的，這些都是處理壓力技巧時很重要的設計要領，否則效果可能不好，甚至還會增加更多煩惱。

例如，學生課外的才藝活動原本是要減少課業的壓力，但是如果不符合當事人的興趣，或者沒有得到完成的效應，有時候反而增加挫折與心理壓力。

如果採用轉移、取代或稀釋的作法去應對心理壓力時，發現效果並不好，那麼，可能需要考慮採取更激烈的作法，去緩解交感神經過度興奮所產生的問題。

在我的模型裡，對於壓力事件的轉移取代或稀釋，都是要藉由執行可完成的刺激，得到完成的紓解效果。要用來轉移或取代壓力的方式可以

是刺激較大、挑戰性較高的；相對地，也可以採取完成效應較好的紓壓方式，雖然稀釋壓力的刺激較小、完成效應也小，但是積沙成塔，一段時間之後，效果也是不錯的。無論哪一種方式，耐心與時間都是必須的（圖4-4）。

圖 4-4：轉移、取代或稀釋策略 VS 情緒、壓力變化

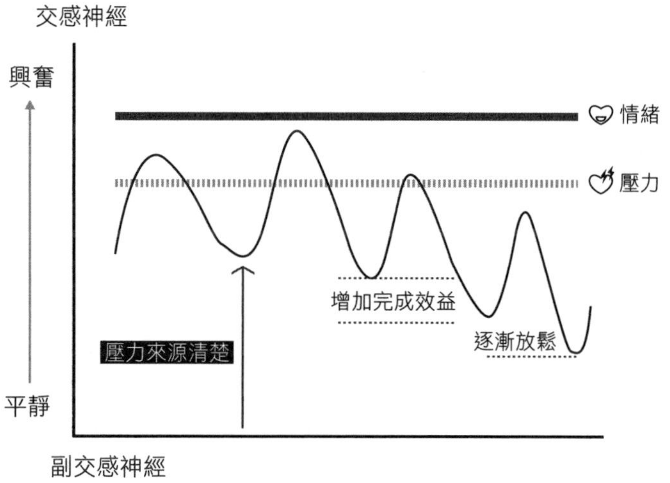

案例 14

好學生考不好，身心壓力更大
下課後跑步、做手藝，體力強、心情好又有元氣

A同學外型嬌小，瘦瘦的她看起來是個很容易與人親近的小孩，臉部表情柔和，與人交談時雙眼也會誠懇看著對方。不像有些內心城牆高築的孩子，避免眼神接觸，諮詢時就需要花較多時間才願意吐露心聲，或訴說內心中的不快。

A同學的生活和一般國中生並無二致，學習課業占比挺重的，生活中最重要的就是上課、考試。根據她的描述，自己在校成績表現向來不錯，她對於學習也抱著積極進取的態度努力不懈。

表面上看起來，沒有太大的問題，爸媽對她也還算放心。只是永遠追不完的進度、應付不完的考試，對她而言還是難免造成壓力，偶爾她也會有力不從心、疲於應付的感覺。

「但這應該就是學生生活吧，好像也不能怎樣！」A同學一直這樣說服自己。

直到一次月考，拿到成績的那一刻，她有點小崩潰。明明全力以赴，但成績表現卻不如預期，她沮喪、哭泣，覺得無力。我建議她試著安排其他興趣，來轉移壓力。

A同學於是開始在下課後抽空跑步，偶爾寄情於手工藝，讓自己忘卻煩惱，紓解身心。持續了一段時間後，A同學果然收到不錯的成效，她不僅體力變好，心情也好轉，感覺自己更有元氣與勇氣，可以面對前方未知的挑戰。

Dr. 梁的醫治很不一樣！

醫治研判獨到觀→考試成績不如預期而覺得沮喪，建議A同學試著安排其他興趣，來轉移壓力。

自我的調整改善→下課後跑步、做手工藝等。

案例 15

離婚後覺得人生被掏空、自信心喪失
禪修、打太極拳轉移，也戒除抗憂鬱藥物了

對B小姐的第一印象是愁眉不展、心事重重，眼睛下方掛著兩個明顯的黑眼圈。應對進退舉止得宜，但感覺得出來臉上笑容是硬擠的，因為她的眼神透露出濃濃的悲傷。

原來，B小姐前一陣子經歷了人生中一件不怎麼受歡迎的大事——離婚。「我本來以為離婚後也算是一種解脫，沒想到接下來的日子，我只有感受到無比的痛苦與沉重，整個人好像被掏空。小孩也沒辦法帶在身邊……。」

B小姐說完，望著窗外若有所思，一會兒又緩緩地說：「離婚讓我覺得我的人生好像完蛋了，沒希望。有時候會控制不住，不斷回想過去的一些片段，想知道自己是不是做錯了什麼，我覺得很折磨、很痛苦。對自己沒有信心，覺得自己很失敗，都不想見人。離婚後吃不好也睡不好。我因為這樣去看了身心科，有吃抗憂鬱的藥，還有改善失眠的藥。」

像B小姐這樣，有一段時間無法掌控自己的身心狀態，並非不正常反應，畢竟離婚帶來的影響，不可能馬上煙消雲散。我建議B小姐找點事來做，想辦法

心裡的痛，身體會知道！

轉移壓力，同時提供減藥治療。

後來B小姐在朋友的帶領下參加禪修，也跟著學太極拳，慢慢地更能調適並處理離婚所帶來的壓力與情緒，不會再讓自己陷入情緒的漩渦，也有了勇氣敞開心胸、張開雙手迎接一個人的全新生活。

Dr. 梁的醫治很不一樣！

醫治研判獨到觀→建議 B 小姐找點事來做，想辦法轉移壓力。

從身體紓壓解痛→神經調節緩和戒斷症候，漸進式減藥。

就診前心率→約 80 下。

就診後心率→約 70 下。

自我的調整改善→參加禪修團體、學太極拳。

③竭盡策略：累壞自己，啟動休養

當動物精疲力竭時，會有放下交感神經刺激，轉而進入副交感神經主導的休養狀態，這也是一種身心狀態轉換的本能（圖4-6）。

因此在策略上，與其減少對交感神經的刺激，反而要增加交感神經的輸出到接近精力耗盡也就是累壞了，如此一來，才會逼出身體本能的反應，啟動休養機制，這就是處理壓力技巧3：竭盡策略（圖4-5）。

這種作法對於工作或課業的好處是，盡快把事情做好或把課業或考試準備好，但是這需要提高鬥志集中精神，不見得每次或每人都行得通。所以，外加別的活動，例如運動去消耗剩餘體力，或下棋消耗剩餘心智，也是可行的辦法。

要激起竭盡之後的本能反應，最常見到是採用泡熱水澡或運動等方式，泡澡不但可以紓解壓力、放鬆身體，而運動可以增強體魄，可說是一舉數得。

泡熱水澡不宜超過5分鐘，泡錯了只會愈泡愈累

泡熱水澡流汗，真讓人覺得心情放鬆、通體舒暢，這種享受幾乎人人有過。

這樣看起來似乎是有益無害的行為，但從生理活動的角度去看，千萬要避免泡熱水澡過久，否則會提高交感神經作用，最後演變成了體能與身體器官的衰竭。

理由在於，當原來的交感神經活動變得太高，有可能發生中斷現象，也就是突然交感神經衰竭、心率過慢，因而有低血壓休克的危險。這種神經與心率發生變化的情形，有可能在泡澡當下發生，也有可能之後才慢慢出現。

值得注意的是，常泡熱水澡的人常出現許多人不知道的副作用與危險性。其一是，當你認為泡愈久流愈多汗愈好，其實那樣的想法是忽略了許多副作用與危險性。還有另一種泡熱水澡的問題是，愈常泡就會愈覺得累，這是因為發生交感神經無法竭盡，因而持續興奮的現象，也就是過勞現象，常見的症狀有疲勞、失眠、心悸、胸悶、頭暈等等。

由於熱也會增加發炎反應，因此長時間下來容易發生筋肉與神經慢性發炎黏連而產生慢性疼痛，不常活動的部位特別有這種可能。因此，這種情形容易發生在中老年人身上，結果會產生多發性的疼痛或身心症狀。我的建議是一次泡澡或熱敷最好不要超過三、五分鐘。

飽食、熱飲、泡澡
會增加心臟負擔

圖 4-5：竭盡策略的技巧

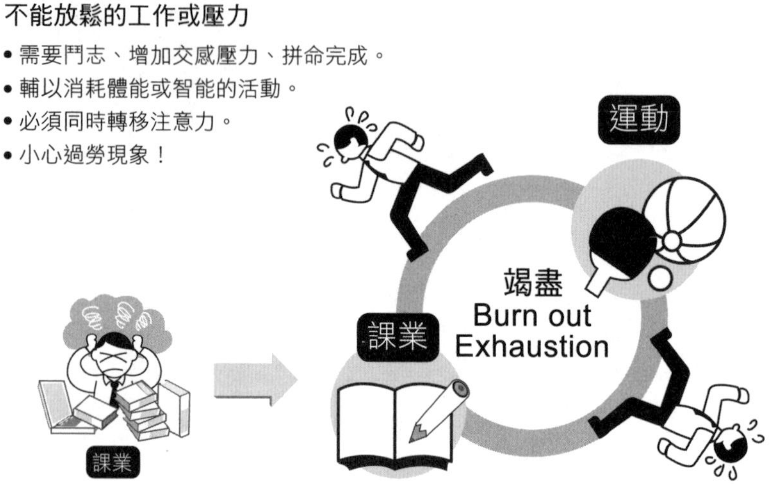
不能放鬆的工作或壓力
• 需要鬥志、增加交感壓力、拼命完成。
• 輔以消耗體能或智能的活動。
• 必須同時轉移注意力。
• 小心過勞現象！
運動
竭盡
Burn out
Exhaustion
課業
課業

要明白運動特性，否則也會有反效果

很多優秀的學生或成功的人物都有運動的習慣，這樣不但可以保持工作效率，也有助於紓壓，讓自己冷靜下來看清楚未來，領袖型的人物多數樂在其中。

不過，這麼做也不是萬無一失。撇開運動所可能會帶來的問題，在臨床上，我見到採用這個模式的身心副作用，也就是發生過勞現象。

當事人通常優秀且身手矯健，有長期運動的習慣，甚至是運動員也會發生。他們習慣在感受心

圖 4-6：處理壓力策略的自律神經狀態（竭盡與中斷）

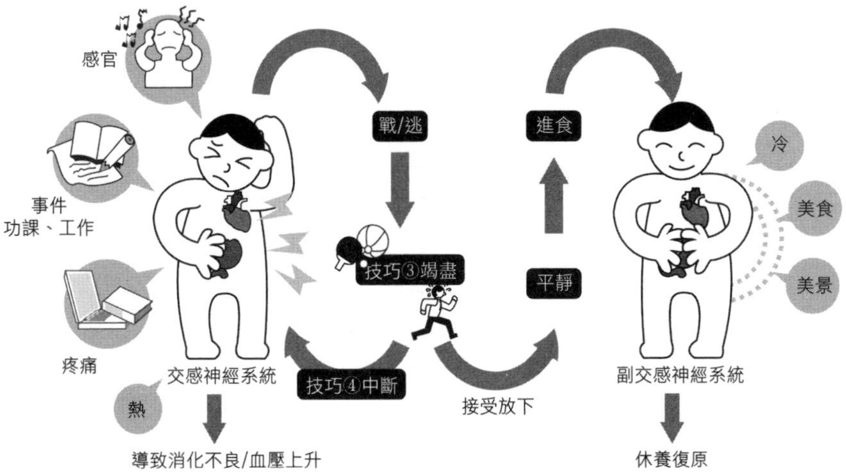

理壓力之後，增加運動流汗以紓解壓力，也很享受這樣的過程，但有時候卻發生愈運動狀況愈差的情形。這時候不但覺得很累又睡不好，最後影響了工作與情緒。

這種情形其實就是過勞的現象，這也算是過度訓練的症候。這類案例在神經調節治療之後，很快就復原了。

要避免這種情形的發生，首先就要減少咖啡或茶等興奮性飲品，或者酒或補品等發炎性食物。其次，要明白運動的特性，因為長期固定運動可能提升發生竭盡的門檻，結果不夠累，有時反而無法放鬆而變得更累。

因此，最好是納入可以轉移注意力的運動，例如各種球類活動；要特別說明的是，一般人常做游泳、騎車或跑步等運動，比較不容易轉移心事，因此效果居次。

運動過勞，以重量訓練最常見

現代流行的重量訓練，容易併發過勞現象。因為重量訓練主要是無氧運動會增加生理負擔。臨床上，我最常遇到運動引起過勞的案例，以年輕男性居多，其中很多是與重量訓練有關。

重量訓練可以提升男性荷爾蒙，增加肌力，的確在心理上可以提升自信心與勇氣。但是，重量訓練的恢復期通常需要三～五天，這期間需要消耗大量熱量與營養，這樣的訓練如果沒有規劃好訓練節奏，會造成數日嚴重的生理壓力，即使沒有其他心理壓力，長期重量訓練也有可能突然發生過度訓練或過勞現象，嚴重的時候需要休息相當長的時間。

通常這類當事人原本有固定運動的項目，可以從原本的運動中得到紓解壓力，一直到某天忽然感覺到沒有從原有的運動中得到滿意的紓壓快感，因此改為進行重量訓練，然而在訓練數週或數月後突然發生過勞或過度訓練的情形。

也可能是原來的壓力造成的生理缺口已經無法一下子彌補，同時重量訓練所產生的生理壓力會在第二或第三天達到高峰，使得生理壓力加重。相反的，這種現象在有氧的休閒運動上比較少見。

這種情形其實也是一種自律神經失調的狀況，也就是交感神經持續興奮，即使放長假休息可能也恢復得很慢；相較之下，如果給予神經調節治療，中斷交感神經的持續作用，效果比較迅速。

因此，如果採用運動來紓壓，最好是對過勞或過度訓練的情形有所了解，也知道該怎麼處理。

紓壓活動要慎選！長期低強度、短期高強度各有優缺點

關於竭盡策略的操作上應注意，避免用於壓力負荷或者生理缺口已經過大的狀態。

因為如果生理缺口已經過大，即使看似溫和的泡個熱水澡，也有可能隨後發生過勞的問題，，所以竭盡的策略比較適合用於長期低強度，或者短期高強度的壓力環境下，以這兩個準則去選擇紓壓運動會比較好（圖4-7）。

如果採用其他的心智活動去達到紓解的目的也可行，例如打牌下棋、打電動等等，但是也會跟運動一樣，當過度依賴之後效果會遞減。

許多情況是，當期待紓壓的渴望並未減少，這樣反而因為累積渴望而激起交感神經壓力，最後可能產生成癮與戒斷交替的現象。

因此，還是需要找出適合自己的活動，達到發揮紓解壓力的作用。

圖 4-7：竭盡效應 VS 情緒、壓力

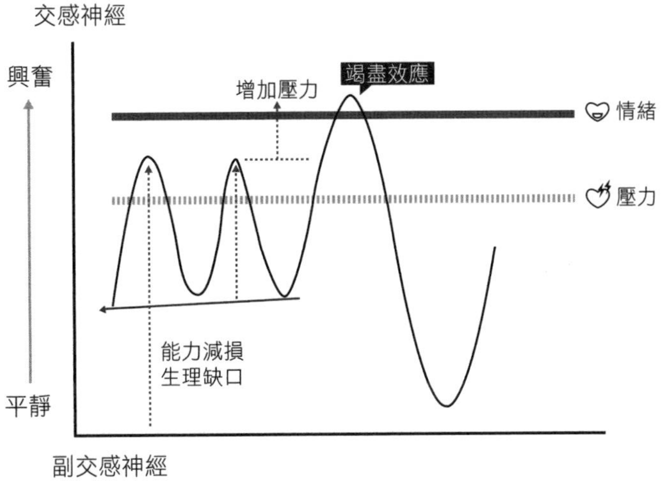

案例16

愛運動變過勞，失眠、抽筋、心悸找上門

調整運動時間，身體狀況大為好轉！

裝扮休閒、清爽的A同學，有著白馬王子般的身材，高挑、結實。他個性開朗，笑容經常掛在臉上，整個人率性又陽光，我想這樣的一個大學生，應該有著令人稱羨的隨性生活吧？

我問了A同學他的一日常規生活，他是這樣說的：「就跟一般同學差不多，白天專心在課堂上，下了課有時候會泡在社團，有時候會去圖書館查資料，如果同學有約如無意外也會赴約。」聽起來他的生活再正常不過了。

「人際關係如何？戀愛呢？」我想了解一下A同學的交友狀況。「都不錯啊～」看著A同學炯炯有神的雙眼以及臉上的神采，我相信他不存在人際關係的困擾與壓力。

「我最近睡得不是很好，而且還會抽筋和心悸。」當A同學吐出這句話時，我從他結實的身形判斷，這種情況或許是運動所引起，於是深入了解了一下。

原來跑步這個習慣從小就開始陪伴著他，不管課業再怎麼繁忙，A同學總是會抽空跑步，因為他發現運動後大量流汗會讓他感覺全身舒暢，壓力盡消。

直到現在，他還是會在傍晚時分跑個5～15公里。只不過最近他發現自己睡眠狀況欠佳，不僅不好入睡也淺眠易醒，而且抽筋與心悸還會不定時找上他，這狀況讓他頗為困擾。

我建議他調整跑步時間，把下午的跑步改為早上跑，並且提醒他記得補充水分與電解質，果不其然之後情況就正常了。

警語：A同學嘗試以運動處理壓力，結果演變為過勞，這是「竭盡策略」失敗常見的反效果。

Dr. 梁的醫治很不一樣！

醫治研判獨到觀→判斷 A 同學沒有人際關係的困擾與壓力，原因出在運動導致的自律神經失調。

從身體紓壓解痛→建議調整跑步時間，把下午的跑步改為早上跑，並要適時補充水分與電解質。

就診前心率→約 70 下。

就診後心率→約 60 下。

案例 17

高瘦健美女教練，運動過勞導致身心出狀況
協助補足生理缺口，揮別失眠、心悸陰霾了！

「哈囉！您好。」爽健的B小姐一進診間就扯開嗓門，主動跟我打招呼。她的聲音響亮而有勁，搭配著高瘦健美的體型，我推敲她必然有運動習慣。

「平常有運動習慣喔？」我問。「哇塞，醫師你好厲害。我都還沒開始自我介紹，就被你猜到。我是運動教練，主要教授的課程是有氧舞蹈、游泳與核心訓練。我每天的生活就是運動、運動、運動、運動。」

開朗的B小姐吞了口口水，自顧自接著繼續說：「我最近都睡不太好，好奇怪喔！我想說我運動量這麼大，每天教學結束後我還會另外做一些有氧、游泳或者重訓。每天都累的半死，不是應該很好睡才對嗎？」聽到這裡，我根據經驗判斷B小姐應該是運動量過大造成過勞。

我們繼續交談，從她提供的訊息中，我聽到了更多過度訓練所出現的症狀，例如不定時心悸、上課時失去耐性指導學員的熱誠（這對喜愛教學的她來說並不正常），偶爾會情緒差到需要請假……。這些都是很明顯的生理壓力過高，形成生理缺口。

心裡的痛，身體會知道！

我提供她神經調節治療，B小姐很快就恢復良好睡眠品質，心悸也不再發生。

另外，綜合她種種客觀條件，休息心率80以上就太高了，我建議她運動時配戴電子手錶，時時監測自己的心跳，避免在心率過高時過度運動，如此便能避免過勞再度發生，引發其他身心不適。

警語：B小姐運動過大造成的過勞，是「竭盡策略」失敗常見的案例。

Dr. 梁的醫治很不一樣！

醫治研判獨到觀→研判 B 小姐是運動量過大，導致明顯的生理壓力過高，於是形成生理缺口。

從身體紓壓解痛→其一、避免在心率過高時過度運動，以防止過勞等身心不適；其二、提供神經調節治療。

就診前心率→約 80 下以上。

就診後心率→50 ～ 60 下。

自我的調整改善→運動時配戴電子手錶，隨時監測心跳。

案例 18

為了紓壓跑步，工程師跑到自律神經失調
改善了心悸、胸悶、失眠，提醒隨時監控心跳！

高高壯壯的C先生是位工程師，不少人對工程師的既定印象不外乎宅、寡言、憨厚木訥，但C先生並非這種典型。相反的，他開朗、健談，且熱愛運動。他之所以來診間報到，是因為最近覺得身體微恙，容易累且偶爾會有心悸、胸悶的現象。

「醫師，跑步會增加腦內啡，對嗎？我記得我看過資料，資料上說當我們在動的時候，大腦會把這個動作認知成警覺狀況，然後身體為了自我保護，會釋放一種蛋白質，幫助我們處理壓力，也會製造腦內啡。所以，運動之後人會感到愉悅吧?!」

「沒錯。」

「可是很奇怪，我最近增加跑程，結果我覺得運動後舒暢的感覺不見了，整個人更累耶！」

原來，跑步是C先生從小養成的習慣，也是他紓解壓力的方式。入社會後工作壓力大經常加班，他選擇用更大量的跑步來紓緩壓力，沒想到得到反效果。

其實，C先生看到的資料並沒有錯，但缺乏深入完整探討。根據經驗判斷，他應該是運動過量，導致交感神經持續興奮，讓自律神經失調了。

為了趕緊修復他的生理缺口，我提供神經調節治療來緩解心悸與失眠。

另外，從不同面向給予他建議，包括減少咖啡與茶，避免交感神經太過亢奮；利用手機或電子手錶來監視自己的心跳；除了跑步之外，可以增加別的休閒活動，藉此達到紓解壓力的目的。

警語：C先生採以運動紓壓卻造成過勞，是「竭盡策略」失敗常見的案例。

Dr. 梁的醫治很不一樣！

醫治研判獨到觀→根據經驗判斷，C 先生應該是運動過量，導致交感神經持續興奮，讓自律神經失調了。

從身體紓壓解痛→為了修復生理缺口，提供神經調節治療來緩解心悸與失眠。

就診前心率→約 80 下。

就診後心率→約 70 下。

案例 19

沙發馬鈴薯，越休息越難眠，心悸、肥胖找上門

脫胎換骨勤運動，身體狀況好轉許多！

外型圓潤的D小姐是個標準上班族，工作忙碌的她平日鮮少有活動，下了班就是拖著疲累的身軀回家休息，當個標準的沙發馬鈴薯。

到了假日，D小姐偶爾會外出走走，四處閒晃，但嚴格說來稱不上運動，所以她算是缺乏運動一族。

這樣的生活模式持續了好一陣子，漸漸地她的體重一點一滴增加，不僅如此，對工作也愈來愈倦怠，甚至開始出現心悸、睡不好的情形，有時候她也需要安眠藥幫助入睡。

無奈，即便有了安眠藥這個小幫手，她的睡眠品質依舊欠佳，還是經常多夢易醒。

她來到我診間時，一臉無精打采，走路步伐很重，腰背也沒打直，感覺就像是頂著千斤頂般。我幫她測量了心率，約80～90下之間。

綜合評估D小姐條件狀況，我認為她需要適當的活動，來發揮紓解壓力的作用。因此，我除了給她短效的安眠藥之外，同時建議她下班後可以考慮跟同事

去運動或打球。

D小姐接受了我的建議，一段時間後，她的體重略微減輕了，身體變得緊實，外觀顯得清秀多了。

她告訴我運動後她經常倒頭大睡，第二天感覺精神更好，身心舒暢。

雖然偶爾工作壓力大時，還是需要安眠藥幫助入睡，但是整體情況比就診前好多了。D小姐之後的心率也有改善，大都維持在70上下。

Dr. 梁的醫治很不一樣！

醫治研判獨到觀→ D 小姐需要適當的活動，來發揮紓解壓力的作用。

從身體紓壓解痛→ D 小姐運動後就倒頭大睡，第二天感覺精神更好，身心舒暢。

就診前心率→ 約 80 ～ 90 下。

就診後心率→ 約 70 下。

案例 20

高中生有空就是睡覺、每個月都感冒！

原因出在自律神經失調，採取運動竭盡策略，神清氣爽

E同學來看診的頻率很固定，幾乎每個月都會來一次，就診的原因也很固定，就是感冒。不過不同於以往的是，這次媽媽也一同前來。

「醫生你好，我是她媽媽，她前幾次來都沒有把狀況說得很清楚，我想說我幫她補充一下。」

「現在的小孩課業壓力好像很大，她升上高二之後常常熬夜準備考試，念書之外的時間就是睡覺，假日也是。」

「以前國中還會出去打打球、跑跑步，現在都沒有了，經常不出門睡一整天，可是她還是整天喊好累好煩。然後每個月她都一定會感冒請假，說自己全身無力，就像現在一樣，臉色慘白。」

「想說可能是經常熬夜體力不足，所以會定期幫她食補，可是我看效果也不是很好。都不知道要怎麼做才對？」

根據媽媽提供的訊息，我認為E同學是典型的自律神經失調，身體在筋疲力竭的邊緣，但休養的本能機制卻沒有啟動。

我請E同學無論如何都要增加運動的次數，跑步、騎車、打球都可以，最好輪流進行。

剛開始她在每次運動後都覺得體力散盡，隔天總會睡上一整天，但漸漸地她的體力變好了，而且才兩個月的時間，心率就從100下降到70下。

「醫生，真的很謝謝你，老實說剛開始我有點擔心，怕增加運動讓她吃不消沒體力念書影響課業。沒想到她體力反而變好了，有精神念書，也很少生病請假。她還跟我說，現在每個禮拜沒去動一動、流流汗就會渾身不舒服！」E同學的媽媽很開心女兒有這樣的轉變，我也很開心又幫一位患者解決了惱人的問題。

Dr. 梁的醫治很不一樣！

醫治研判獨到觀→ E 同學是典型的自律神經失調，身體在筋疲力竭的邊緣，但休養的本能機制卻沒有啟動。

從身體紓壓解痛→健康指引是要增加運動的次數，跑步、騎車、打球都可以，最好輪流進行。

就診前心率→約 100 下。

就診後心率→約 70 下。

自我的調整改善→運動成了固定的生活習慣，不動就會渾身不舒服！

④中斷策略：挑戰畏懼的事物或環境，產生鎮靜效果

動物遭遇事件感受極大生存壓力時，會有中斷這個事件刺激的本能，所謂狗急跳牆或假死昏厥就是這個道理。我認為人類的許多行為，也是基於這種本能所產生的。

不過，處理壓力技巧4的中斷策略，在行為上會比較偏激、甚至危險，雖然有些會有逾越道德或法律的疑慮，但我認為這也是一種本能，是人們對於承受過度壓力的本能反應。

從臨床經驗與社會觀察中，我發現很多時候在過度刺激或激烈的行為後，當事人反而會冷靜下來；也發現有些人面對過度壓力時，會尋求冒險或刺激來平息心中的難過（圖4-8）。

看恐怖片、坐雲霄飛車，都是紓壓方法

在醫療中，例如偶爾會遇到的暈針，也是在疼痛或害怕之餘激起交感神經過度興奮後而發生中斷，此時就會轉由副交感控制的一種現象。這種現象在手術

圖 4-8：中斷策略的技巧

需要快速紓解壓力、急需平靜休養！

- 人為的強力刺激：視覺、聽覺、味覺、痛覺(冷、熱、機械)…
- 設計危機：挑戰敬畏的事物(懼高、鬼神…)或環境(黑暗…)。
- 最好配合稀釋、轉移或取代的設計。
- 必須清楚認知目的與手段，避免走火入魔或假戲真做！
- 身體不佳、慢性或病態反應：神經調節治療。

麻醉中也不少見，許多麻醉病人為了恢復正常心率，可以刺激交感神經或阻斷副交感神經。

我在用神經調節治療情緒失調的案例時，也常有令當事人立即心跳減緩而感覺平靜的效果，顯然在心理與生理上都有自律神經控制急遽轉變的現象。我發現，這樣的本能反應，也可以藉由強力的視覺、聽覺、味覺或痛覺等刺激，例如冷熱或機械力（例如自虐或體罰）而產生效果。

除此之外，也可以是嚇人的行為。像是以設計好的危機，去挑戰自己敬畏的事物或環境，舉凡看恐怖片、坐雲霄飛車、摸黑探險等等，也都可以產生鎮靜的效果。

對於需要快速紓解壓力或者急需達到平靜休養的情況，可以採取這種中斷作法。在我的經驗中，這種刺激通常密集做個兩、三次，紓壓效果更好。

在此奉勸大家，千萬不要過猶不及，凡事都不能夠過度頻繁，否則效果也是會減低的。換句話說，如果你在壓力大的時候，喜歡看恐怖片，那麼過一段時間再看一次效果可能更好。又例如你喜歡用雲霄飛車的刺激來紓壓，那麼可以休息一下再試一次，可能更紓壓。

充滿刺激冒險的紓壓策略，也要適可而止

壓力紓解技巧的中斷策略，心理諮商過程比較少採用，或者當事人基於本能早已採取了這樣的作法。無論是看恐怖片、參加密室逃脫、坐雲霄飛車、叢林遊戲等精心設計讓自己處於安全的危機或刺激的情境，可說是中斷過高交感神經反射的一種方法，讓身心缺口不再潰堤。

提醒大家注意的是，採用中斷作法即使有效，最好能仔細分析自己的心理壓力成分，同時了解不同中斷作法的特性，加入適合自己的紓壓機制，以層層的保護網，幫助自己紓解心理壓力（圖4-9）。

不過，過度依賴高強度的刺激，難免涉及高風險與道德法律問題，甚至弄假成真反而幫了倒忙，可就不是最佳的策略了。

尤其，身體狀況不佳、慢性化，或者有病態的壓力反應或情緒問題的時候，當事人無法承受太多刺激，建議可以直接採用神經調節治療，不但安全、也節省時間與精神。

圖 4-9：中斷策略 VS 情緒、壓力

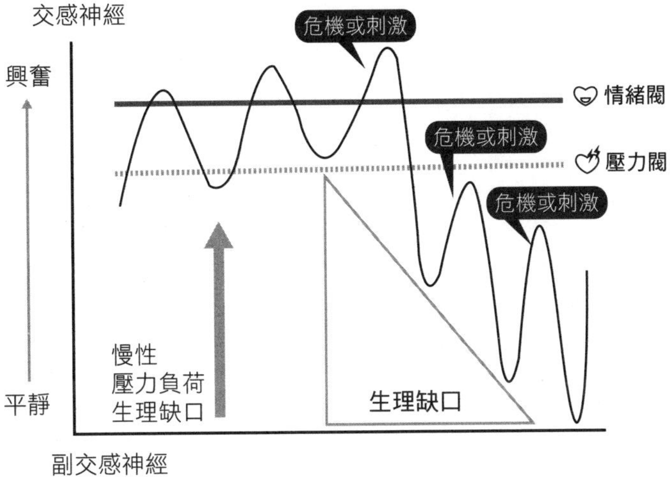

案例 21

愛看嚇破膽的恐怖片、不由自主摳指甲……
調整失控自律神經、轉移壓力，不久身心放鬆了！

「醫生您好。」A小姐笑容滿面地走進診間後，先是把手提包包放腳邊，接著緩緩地脫下外套對折吊掛在手肘，再慢慢坐下，然後向我禮貌地點頭打招呼。

她的舉止優雅大方，看似從容不迫，不過我還是從小地方看出她有一點焦慮，她不斷地用右手拇指的指甲摳左手拇指的指甲。

「我今天來，是想向您請教，我那看起來說不上嚴重但又有點怪怪的行為。」

A小姐第二句話便切入正題，開門見山地表示自己的來意。

「我是Freelancer，一般大家聽到我的工作性質，都會投以羨慕的眼光，認為我上班時間有彈性，可以睡到自然醒。我不否認每天省下通勤時間真的很棒，但事實上當然不像大家說的那樣自在愜意。」

「尤其案子有一搭沒一搭，收入不穩定的時候，那真的會讓人很焦慮。這種時候我就會看恐怖片，而且力求把自己嚇破膽，一部絕對不夠，一口氣至少要看三部。三部看完之後，我會覺得通體舒暢，心情好多了！」

我告訴A小姐根據我多年的行醫經驗，她不是特例，不用太緊張，她的行為是身體發出求救的警訊，我告訴她那是自律神經失調了，交感神經作用太強。由於A小姐嘗試過散步、登山、找朋友聚聚等其他方法紓解壓力，但效果不是很理想，所以我建議她進行神經調節治療，當然同時也要繼續嘗試各種活動，分散轉移壓力。

經過兩週治療，A小姐表示整個人放鬆不少，感覺很棒！

Dr. 梁的醫治很不一樣！

醫治研判獨到觀→焦慮到不由自主摳指甲、愛看恐怖片等行為，是自律神經失調的警訊。

從身體紓壓解痛→進行神經調節治療。

就診前心率→約 80 ～ 90 下。

就診後心率→約 70 下。

自我的調整改善→仍持續散步、登山、和朋友談心，轉移焦躁情緒。

案例 22

壓力大時，就會變身成抓頭髮魔人

找朋友、唱歌、做蛋糕等轉移技巧，釋放課業壓力！

記得那一陣子一直是陰雨綿綿，連下五、六天雨之後，終於盼到了晴朗好天氣。

當天第一個踏進診間的病人是B小姐，身材高挑的她有點偏瘦，但還不至於到紙片人那樣的程度，從踏進診間那刻起她的臉上始終掛著微笑，就像外面的陽光一樣，給人正面、開朗的感覺。

我們花了幾分鐘閒聊，B小姐應對得宜，情緒平穩，肢體看起來也很放鬆，我好奇地問她為什麼來找我？

「醫生，你是不是覺得我看起來很正常啊~沒什麼問題？大部分時間我是這樣沒錯，可是我從小只要碰到要考試、上台報告、趕PAPER、有壓力的時候，我就會變身哦！」

「我會變成一個抓頭髮魔人。我會把十根手指打開，從太陽穴的位置戳進去，一邊往頭頂方向移動一邊抓住頭髮，最後兩手在頭頂交會，然後用力扯自己的頭髮，扯到覺得痛了才放開，接著我會感受到前所未有的平靜和舒暢。」

B小姐生動又鉅細靡遺地描述，我當下覺得都能感受到抓頭髮的痛了！

在我多年的臨床經驗和觀察，B小姐的行為就是身體承受過度壓力的本能反應，藉由刺激的紓壓行為產生鎮靜的效果。不過平時她的心率相當穩定的在每分鐘60上下，因此我研判她並沒有慢性壓力問題，只是對自己的行為不解，不過抓頭髮畢竟會痛。

我建議她運用轉移與稀釋策略，多參加一些學校的社團活動，多跟朋友去唱唱歌，和三五好友一起做蛋糕點心等方式，讓壓力可以在平時生活中一點一點慢慢釋放。

Dr. 梁的醫治很不一樣！

醫治研判獨到觀→ B 小姐的抓頭髮行為就是身體承受過度壓力的本能反應，採取中斷策略達到紓壓鎮靜的效果，但這樣子的自殘手段實在不好。

就診前心率→約 60 下。

就診後心率→約 60 下。

自我的調整改善→建議運用轉移與稀釋法，例如參加社團活動，唱歌、做糕點等方式，釋放壓力。

案例23

享受刺激遊樂設施，一路尖叫釋放壓力
這麼做沒什麼不妥，但切記適量就好！

C小姐身形略為纖瘦，但說話中氣十足，而且非常健談，有問必答，差不多接近「打開話匣子嘴巴停不了」這個等級。

從她進診間坐下來開始大概短短五分鐘的交談，我已蒐集了很多資訊。芳齡28歲的她是位美髮師，除了美髮也對於美睫、美甲都相當有興趣。

國中是她人生很重要的一個階段，她碰到了一位因材施教的老師，眼中不是只有「分數分數、成績成績」，並且鼓勵她找到自己的興趣，培養專長、訓練技能，從那時候開始C小姐就立定了未來的志向，並朝著這條路努力邁進。

在這個重要的人生階段，C小姐還有一個神奇的發現，她說：「我發現我有點自虐耶，我很喜歡玩刺激的遊樂設施，例如雲霄飛車、大怒神，雖然每次排隊的時候我都緊張得半死，玩的過程中也是嚇得花容失色，一路從頭尖叫到尾，可是結束之後我會覺得通體舒暢，好像壓力都被釋放了。」

「所以，我只要遇到不順利的事，覺得煩躁或是低落，想要轉換心情，我就會去遊樂園找刺激，把自己嚇得半死。」

C小姐的行為完全詮釋了我這些年臨床的心得：當快要承受不住壓力時，便讓交感神經運作到極致，使自己精力耗盡而進入休息放鬆狀態，讓自己得以喘口氣。

我告訴C小姐透過刺激的設施釋放壓力沒有不好，適量就沒問題。當然若她願意嘗試其他的治療方法，我也會很樂意提供協助。

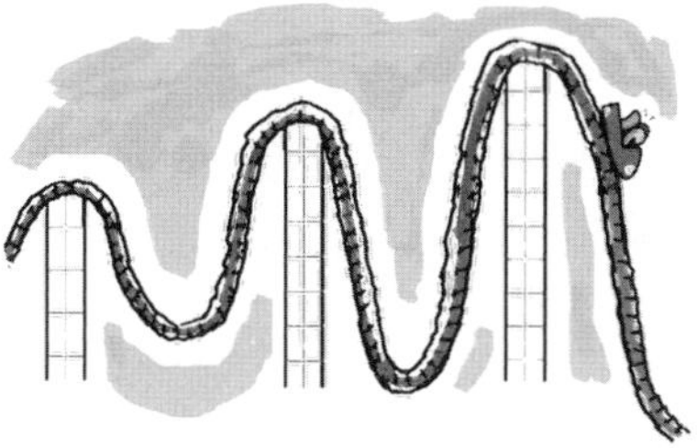

Dr. 梁的醫治很不一樣！

醫治研判獨到觀→ C 小姐自知壓力過大時，便藉由刺激冒險的活動讓交感神經運作到極致，使自己精力耗盡而進入休息放鬆狀態，這也是人類紓壓的本能反應。

從身體紓壓解痛→符合運用處理壓力技巧的中斷策略，也就是透過刺激的設施釋放壓力，適量就沒問題。

案例 24

喜歡站在高樓牆，享受刺激快感

最好能改變危險紓壓方式，畢竟人生只有一次！

「香味先飄了進來，後續人才出現」D小姐的出場和其他人有些不同。她是一名髮型設計師，外型和我印象中的美髮從業人員很類似，穿著有型，打扮時髦。

她個性酷酷的，有些安靜，話不太多，不過一開口就很勁爆：「我覺得我有病，喜歡站在高樓牆邊，想像騰空的感覺！」

「念高職的時候，我和幾個同學會在午休時間跑到頂樓聊天。有天我們玩了一個很無聊的遊戲，賭誰敢靠近牆邊誰就贏，沒想到我竟然是第一名，而且大家在一旁起鬨叫我再過去、再過去，我就真的越站越靠近牆邊。就在那時我發現我竟然有點喜歡這種刺激感。」

後來只要我心情不好，我就會站到高樓的牆邊，有時候還會張開雙手、閉上眼睛享受這種輕飄飄的快感。」D小姐用一種有點興奮、帶點愉悅的口氣闡述這些事，她說：「這麼做可以讓我冷靜，放空，什麼事都不用想，暫時拋開煩惱！」

不過，她當然也會擔心，畢竟這樣的紓壓方式具有相當的危險性，所以她來找我想了解自己該怎麼辦才好。依我的經驗，我想她是因為交感神經作用過強、壓力負荷太大，藉由如此刺激的方式產生鎮靜的效果，讓自己的壓力獲得緩解。

我告訴她懂得紓發壓力絕對是好事，但方法需要再斟酌一下，尤其她自己都說了萬一有什麼意外那可就不好了。當然，我也希望有機會她能試試神經調節治療，安全性高且效果應該是很不錯的！

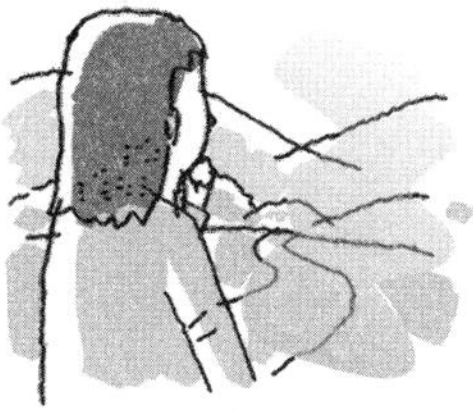

Dr. 梁的醫治很不一樣！

醫治研判獨到觀→ D小姐交感神經作用過強、壓力負荷太大，藉由站在高牆邊的刺激方式產生鎮靜效果，緩解壓力。。

從身體紓壓解痛→ 紓發壓力絕對是好事，但方法要得宜。

壓垮前的掙扎，是求生而不是求死

在行醫多年中，我接觸過許多屢次自行割腕或香菸灼傷的案例。剛開始，我只是在治療病患其他病症時，無意發現病患手臂上的疤痕，一問起來，才知道會重複那麼做是因為常常太難過了，以至於需要藉由自虐來讓自己輕鬆一點。如同前面的分享，也有人是以拔頭髮來紓壓的。

在各種資料中顯示，過半的自殺行為當事人，在發生一次之後就恢復正常了，很多人好奇這是為什麼？

首先，我們要理解為什麼會想要自殺。我們都知道只要壓力夠大，動物或人都有可能發生自殘或傷人的情形。

我相信除了少數是病態之外，多數是動物的本能在作祟，而這種不尋常的自殺行為，對交感神經帶來的壓力而激起的終極反抗，藉此得到進食或者休養的機會。

從醫學研究和社會經驗來看，試過一次自殺後，絕大多數人可以回到正軌，理由是：在我們的基因中，原本就被置入不斷設法求生的機制，因此最後的掙

圖 4-10：壓垮前的掙扎——紓解生理壓抑的本能

●為什麼會傷害自己，或傷害別人？是本能反應還是病？

●為什麼會割腕？香菸灼傷？

●選擇徘徊高樓，或一躍而下？

●是瘋狂殺手，還是冷血殺手？

◆ 自殘或傷人具有相似的生理背景，只是意識的解釋與對策不同。

扎本意，應該也是求生而不是求死。

所以，我相信跳樓的人在跳下那瞬間已經清醒了，跳水的人吞了幾口水後就想回到岸上，問題只是有沒有機會後悔，挽回自己寶貴的一命呢（圖 4-10）？

其實，沒有人真的想不開

大家都知道很多不幸的個人或社會的自殘或傷人事件都是源於壓力問題。對於這類事件，人們通常關注事件背後的家庭學校與社會背景，而專家的統計分析也集中在找出其中的相關性。

到底人們為什麼會傷害自己或傷害別人？這是病還是本能在作祟？

如果是病，那麼患者應該不受行為的影響，行為前與行為後的生理與心理應該差異不大。

如果是本能反應，那麼行為前應有嚴重承受壓力的現象，當行為後則會呈現壓力緩解的樣子。

我沒有各種案例詳細的前後生理資料，只能憑個人臨床經驗與歷史社會資料去做推測。

如果我們承認，人在被壓垮前都會出現這些本能，那麼，就可以推測：其實，沒有人真的想不開了，也沒有人會想傷害自己或他人。

不再讓最後一根稻草壓垮你

從自律神經作用的角度去看壓垮前的掙扎，這是交感神經的興奮狀態被中斷，進而轉換為副交感神經主導的進食與平靜狀態。

臨床上，我在使用神經調節治療病患時也有相同的反應，他們因此很快的平靜下來，感覺整個人放鬆了，並且恢復食慾。

在多年的經驗中，我接觸過好幾個想一了百了的案例，他們雖然有家庭與經濟壓力，但是經過治療解決病痛之後，都開心的去雲遊四海到處交友。過去那些他們不時掛在嘴邊的人或事所施予的壓力，彷彿雲煙消散。

可見，一旦生理壓力緩解，人的想法也會跟著改變，他們因此覺得平靜且歡笑，人生觀也從此就變了。

案例 25

手腕到手臂的每條疤痕，都是悲壯感情印記
真心希望她改善生理缺口，走出情傷難關！

A小姐來找我主要是因為婦科問題，30歲的她近幾年經期愈來愈不穩定，經常是愛來不來，來了又拖拖拉拉結束得很不乾脆。

問診的過程中，我發現她的左手腕一直到上臂布滿了一條條疤痕，疤痕淺淺的不深，但數量還真不少。

「醫師，你是不是想問我手上的疤痕是怎麼一回事？」心思細膩的她一眼就看出我心中的好奇。

她攤開左手，指著其中一條疤痕說：「這是第一條，高職的時候留下來的痕跡。我們歷經千辛萬苦好不容易在一起，結果他只因為媽媽的一句話人就消失不見，我怎麼也找不到他，當時實在覺得太痛苦了。」

清瘦的A小姐，就這樣細數了每一條疤痕與關於它們的故事。她的感情路走得跌跌撞撞，有時候被傷得太深，痛到她想輕生，她就選擇這樣的方式去緩解心中的難過。

她說雖然割下去的時候皮肉會痛，但心理的痛卻在同一個時刻得到紓緩和解

放，每次這麼做她都能感到舒服些，然後日子就可以繼續走下去。

我說我理解，這就是求生的表現啊！當壓力大到無法承受時，人是有可能傷害自己以獲得紓解，這是人類內建的本能求生機制。

聽完我的多年行醫心得後，A小姐對我說：「我左手好像也沒什麼空間可以割了，搞不好下次來找你不是因為婦科哦！」真心希望神經調節治療能幫助她走出難關。

Dr. 梁的醫治很不一樣！

醫治研判獨到觀→情傷讓 A 小姐痛不欲生，於是選擇割腕的方式，緩解心中的難過。

從身體紓壓解痛→當壓力大到無法承受時，人是有可能傷害自己以獲得紓解，這是人類內建的本能求生機制；但自殺行為最怕假戲真做，就會成了無法挽回的遺憾。

案例 26

香菸燙手自殘，無非是抗壓力的本能反射

25歲的女孩，在一般人的想像中，該是青春洋溢、充滿朝氣、活力十足吧！然而B小姐臉上卻總是掛著淡淡的哀傷，連笑起來都不快樂，看起來就是一個有很多故事的人。

在與她談天的過程中，我注意到她的左手腕和前臂有好幾個明顯的圓形疤痕，那疤痕我一看就知道是香菸灼傷造成的。

「哦，這個啊，從國中開始吧！心情很不好的時候，我就會用香菸燙自己！」對於身上的這些痕跡，她沒打算隱藏，反而是直接坦白地侃侃而談，「男朋友出軌，而且對象還是我最好的朋友，很八點檔的劇情啦，但就真的發生在我身上。我當然很不能接受啊，每天都很痛苦。」

「有天在抽菸的時候，也不知道為什麼就突然想用菸燙自己。痛是痛，但竟然也覺得有點爽！從那時候開始，只要我心情不好，就會用菸燙自己。只有這樣才會覺得舒服一點，不會滿腦子都是想死的念頭。」敞開心房的B小姐，毫無保留地繼續說了很多。

我告訴她臨床上我見過許多類似的案例，相信她這些激烈的行為，是求生的動物本能，是為了反抗交感神經所帶來的壓力才會發生的。

「神經調節治療聽起來好像不錯，也許我應該試試看！」離開診間時B小姐對我這麼說。希望在不久的將來可以看到她，藉由神經調節治療幫助她走出困境。

Dr. 梁的醫治很不一樣！

醫治研判獨到觀→用香菸燙手臂紓緩心情，都是身體抗壓力的本能反射，只不過用錯方法了。

從身體紓壓解痛→無

就診前心率→無

就診後心率→無

自我的調整改善→無

圖 4-11：在台灣的自殺問題現況

- 14 ～ 45 歲的死因：意外第一，自殺第二。
- 自殺性別比率： 男：女 = 2：1
- 台灣 15 歲以上人口，約有 1.5%、30 萬人於過去 1 年曾認真想過要自殺。
- 台灣和全球的研究發現，100 個自殺意圖者送到急診室，追蹤一年以後，再次自殺身亡者約 1 ～ 2 人，98% ～ 99% 未死於自殺。
- 嘗試自殺一次之後 6 成恢復正常生活。

◆生理觀點：

自殺 / 自殘是動物的本能，是對生理缺口難以承受的解釋與對策。

壓力爆開時，自殺念頭或行為就跟著來

根據衛生福利部2018年台灣人死因統計結果顯示，14歲到45歲的死因排名，第一是意外，第二就是自殺。

自殺的意念或行為，可以說是壓力問題的延伸，我認為這是一種身體的聲音，告訴我們壓力已經大到承受不了，希望能夠創造喘息的機會（圖4-11）。

在前面我已經提出，以生理觀點去看待自殘或自殺這件事，雖然截至目前為止，並沒有直

圖 4-12：自殺與體重的關係

體重與自殺意念成正比

- ◆體重增加自殺意念也增加

體重與自殺行為成反比

- ◆體重減輕自殺行為增加
- ◆體重減輕就是熱量負平衡的表現

自殺意念與自殺行為不同

- ◇說與做不對稱
- ◇有問題的常常不表達，表達出來的比較沒問題
- ◆個案不願表達是問卷調查與訪談的盲點
- ◆如何找出沉默的問題個案？

接證據支持我的論點，但是從十幾年前到現在，一直有醫學報告指出，體重偏輕自殺率高，相反的，體重偏重自殺率是下降的。

因此，我推測當熱量負平衡時，會讓壓力造成的生理機制難以承受，於是產生自殘的念頭，導致自殺率增加。造成熱量負平衡的因素，是身體內外的壓力刺激交感神經的緣故，使得食慾減少，並且無法真正休養，導致生理缺口擴大。

其實，在醫學上不明原因的體重下降，是一個嚴重的警訊，顯示身體或心理承受到嚴重壓力了。

請多留意！瘦子比較容易壓力大到想不開

種種研究文獻都指出，自殺意念與自殺行為的體重關係是相反的。也就是說，體重比較重的人願意表達自殺意念的比率較高，一種可能是體重比較重的人誇大了自己的壓力，或者是他們比較願意坦白表達意見。相反的，體重比較輕的人可能傾向低估自己的問題，或者不願意表達自己的想法，因此以問卷調查的方式去篩選有狀況的人，就可能會有偏差。因為體重輕的人在承受壓力之下，傾向採取迴避的策略，對於自己的心裡難受能忍則忍、直到受不了；所以，會發生不被注意的人，突然做出驚人的自殺行為這樣的案例（圖4-12）。

在此要分享一個具體事實，不論在台灣或世界各地的研究都發現，每一百個想自殺的人送到急診室救活之後，追蹤一年之後再次自殺而死的人只有一至兩人，可見比例很低。

再度證實，想一死百了的人，背後的心情是想活著啊。

自殘出於本能想中斷交感神經的過度高張

相信大家已經了解，從神經組成的演化順序，我們知道副交感神經最基層，也是生命現象的最底限，而交感神經則是在上面一層，至於意識神經在最表層。在深度麻醉時，我們可以去除意識與交感神經的刺激，讓生命可以保持在極平靜的活動中；而當我們從麻醉恢復時，並在產生意識之前，交感神經就已經開始活動，反應各種感覺系統傳來的刺激。

然而，當交感神經活動到某個程度後，會讓生理需求加大，因而人開始意識到壓力，情緒就產生了。

於是，我設想了一個神經行為模型。金字塔的三層，從上到下分別是意識、交感神經系統，與副交感神經系統。神經行為模型的理想下，意識、交感、副交感等三者互相制衡，讓身體處於最佳狀態。

跳脫心病心藥醫治的新視角

前面曾經多次提到，當交感神經的作用升高或膨脹到某個程度時，意識會發出警訊而產生各種感覺與情緒，並且啟動各種本能行為，企圖壓制交感神經以回到副交感神經主導的休息。

然而，如果情況繼續惡化，最後本能會拿出自殘或自殺等行為，因為神經行為模式會採取中止交感神經的毀滅性過熱（圖4-13）。

從各項數據去看，絕大多數的自殺行為並未造成死亡，而且多數的自殺企圖只在同一個案上發生一次。

所以說，在現實人生中遇到承受不了的過大壓力時，這樣以自殺或自殘的本能操作，大部分會成功中斷交感神經的過分膨脹，只有小部分案例也許已經冷靜下來，但是在最後一刻無法回頭，於是假戲真做，釀成了悲劇。

從對抗身心壓力的神經行為模型，可以解釋我所觀察到的現象，目的是希望人們跳脫心理問題就要從心理解套的窠臼，然後從另一個角度看心理問題。

畢竟人身難得，當遇到過不了的困境、邁不過去的坑洞，可善加利用處理壓力技巧的四大策略，轉移或取代、稀釋、竭盡、中斷，必要時求助醫療協助，可以從彌補生理缺口，或是緩和交感神經過度興奮，讓身體回到健康正軌，身體好了，心就安頓了。

圖 4-13：對抗身心壓力的神經行為模式

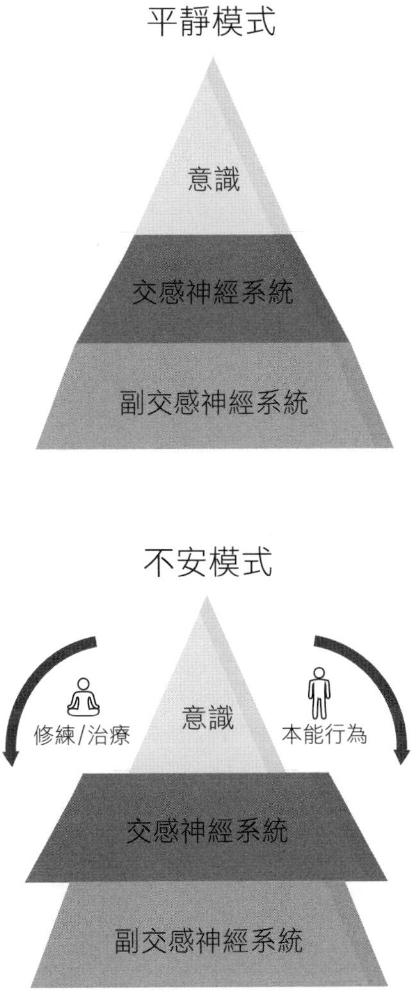

結語

身心安頓，向前動能大

我相信生命在演化中的第一步，是如何在競爭壓力之中存活下去，這應該是本能中的首要本能。以這樣做推理，除了少數病態外，絕大部分人的心理行為初衷，都是來自基因中為了活下去所預設的裝置。

以憂鬱症為例，無論是病毒後憂鬱症、手術後憂鬱症或產後憂鬱症等等，本質上都是因應身體尚未復原，所以保持靜默，避免被注意而受到侵犯。

雖然神經化學上的訊號有異常跡象，或者家庭社會有種種壓力因素，但是我認為協助病患恢復生理能力才是首要任務。

因此，我以生理觀點解釋壓力與情緒，就是希望能揭開傳統心理觀點的神秘面紗，以中性冷靜的態度看待問題，避免彼此執著於追究對方在情緒之下引發不當的言語或行為，因為情緒通常只是反映生理壓力而非本意，只有在壓力緩解後才好溝通。

不再孤軍奮戰！懂你的身心不舒服

多數人一定同意，面對情緒問題需要先冷靜下來；矛盾的是，就是不能冷靜下來，才有情緒問題；更矛盾的是，情緒問題有的表現吵鬧、有的表現沉默，但是生理壓力的程度都很相似。

所以，第三人從外觀去判斷情緒問題的嚴重性，很容易疏忽不平靜的沉默現象。在我建構的模型中，情緒的表現無論是吵鬧或沉默，生理缺口或壓力負荷都是一樣高，一樣具有風險。

首要之務就是要補足生理缺口，減輕壓力負荷，讓他們回到平靜，並得到休養生息，這才是解決問題的關鍵，畢竟當人在很疲累的時候，你很難期望他們能做出多麼正確的決定。

身心修練是個好方法

平靜是什麼感覺？我相信很多讀者沒有注意過這種感覺是什麼。在我的神經調節治療下，多數患者都會有平靜的體驗，那是一種冷靜與喜悅，是由副交感神經帶動的心理感覺。

其實，我認為很多修行或宗教活動所追求的也是這種感覺。修行就是練習排除雜念，減少心理事件的刺激；同時也演練接受或放下的本能，這樣做就是要減少各種事件對交感神經的刺激。

修行的最高境界，以我的模型中做解釋，就是保持在平靜的副交感活躍狀態。宗教活動中的奉獻、念經或歌頌，會有完成而安定交感神經興奮的作用，因為這類儀式或事件的完成效應，會帶動副交感神經作用而得到紓解的效果。

事實上，這類活動規模愈大，安定的效果愈好，所謂宗教安定人心，應該也是這個道理。

別擔心！只是重新開機而已

生命的本質是生存與繁殖，這也是我們的副交感神經功能存在的目的，只是在演化中隨著生命質量的複雜化，因此需要交感神經系統應對內外的刺激，甚至需要意識神經去解讀，並做出複雜行為以反應各種刺激。

這樣的分工需要不斷地交換訊息，有時候會產生矛盾，有時候只是受病毒的

進步的二行程：平靜 -> 興奮 = 能力

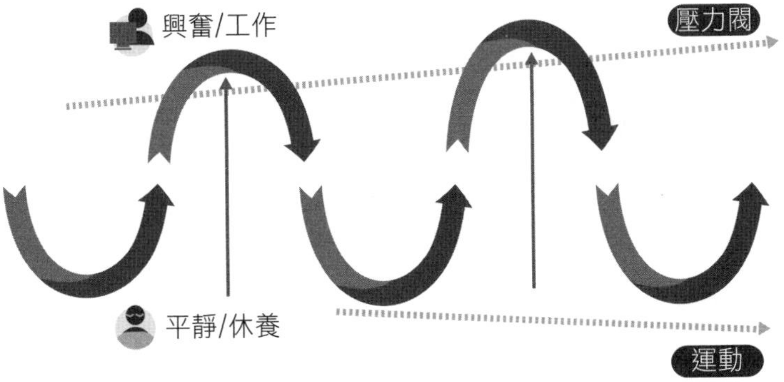

✓傾聽身體的聲音，讓身體說話！

✓在平靜之後，生命自然會找到出路！

壓力是進步的動力，也是停滯的開始！
不能回復平靜：資優的致命傷！

干擾，而產生像電腦當機的現象。就像電腦的軟體控制硬體的運作，我們的基因中也有預防硬體當機或過熱的機制，真的不行就重新開機回到基本設定也可以。

也就是說，我們原本就有解決神經運作衝突的本能，只是意識階段的詮釋令我們困惑。

經過多年的臨床經驗後，我深信我們的心理行為中，潛藏許多回歸基本生存的本能反應。基本生存是副交感神經的工作，它的啟動帶來平靜與進食，因此當我看到病人的心率降下來了、笑了、餓了，我知道他已經在復原的路上。

就像一個二行程的引擎，自律神經系統從平靜到興奮的循環，決定我們的能力和動力的多少。與機械引擎不同的是，我們從不缺興奮，而是常常忘了放下，得到喘息。

所以，如何回到平靜，決定我們日後可以發揮的空間，有時候我們需要傾聽身體的聲音，讓身體說話，並學著去了解身體的心事。

有壓力，不見得是一件壞事！

有壓力時也有好處，因為當沒有壓力時，也會是一種壓力。

人們因為壓力而產生進步的動力，也有可能因為壓力而停滯、甚至倒退，關鍵是人們也需要平靜才能休息。這也是為什麼有許多優秀的學生或社會人士，長年鞭策自己不斷地努力前進，卻突然之間停了、甚至崩潰了，雖然我們都被教導休息之後才可以走更遠的路，深入地去看其實是平靜之後才真的可以走更遠的路。

談更深一點，一個社會的進步就跟個人一樣，都有追求美好生活的動機，開啟了興奮與努力，但是興奮之後需要休養生息，否則很容易忘記原來的初心或動機，就會變得難以維持。

因此，社會運作的穩健長久，就跟人一樣，都取決於回到平靜的能力。平靜之後才能找回初心，然後好好休息，之後才能走更遠的路。

參考文獻

附註1：青少年自殺與服用抗憂鬱藥物的關係

Psychiatr Clin North Am. 2016 Sep;39(3):503-12. doi: 10.1016/j.psc.2016.04.002. Epub 2016 Jun 24. Antidepressants and Suicidality. Brent DA1.

Arch Gen Psychiatry. 2006 Mar;63(3):332-9. Suicidality in pediatric patients treated with antidepressant drugs. Hammad TA1, Laughren T, Racoosin J.

Arch Gen Psychiatry. 2006 Aug;63(8):865-72. Antidepressant drug therapy and suicide in severely depressed children and adults: A case-control study. Olfson M1, Marcus SC, Shaffer D.

附註2：病毒與憂鬱

Psychiatry Res. 2018 Mar;261:73-79. doi: 10.1016/j.psychres.2017.12.037. Epub 2017 Dec 20. Association between virus exposure and depression in US adults.

Medicine (Baltimore). 2017 Feb;96(5):e5983. doi: 10.1097/MD.0000000000005983.Association between depression and enterovirus infection: A nationwide population-based cohort study.

Brain Behav Immun. 2016 Mar;53:131-137. doi: 10.1016/j.bbi.2015.12.005. Epub 2015 Dec 8.The risk of new onset depression in association with influenza--A population-based observational study.

附註3：體重與自殺

J Ment Health Policy Econ. 2016 Mar;19(1):21-31.Body Weight and Suicidal Behavior in Adolescent Females: The Role of Self-Perceptions. Minor T1, Ali MM, Rizzo JA.

Int J Eat Disord. 2019 Oct 22. doi: 10.1002/eat.23188. Understanding suicide risk and eating disorders in college student populations: Results from a National Study. Lipson SK1, Sonneville KR2.

Psychol Med. 2019 Oct;49(13):2279-2286.Body mass index in midlife and risk of attempted suicide and suicide: prospective study of 1 million UK women. Geulayov G1, Ferrey A2, Hawton K1, Hermon C3, Reeves GK3, Green J3, Beral V3, Floud S3; Million Women Study Collaborators.

Suicide Life Threat Behav. 2016 Dec;46(6):697-736. doi: 10.1111/sltb.12244. Epub 2016 Apr 20.Body Mass Index Is an Important Predictor for Suicide: Results from a Systematic Review and Meta-Analysis. Perera S1, Eisen RB2, Dennis BB1, Bawor M2, Bhatt M1, Bhatnagar N3, Thabane L1,4, de Souza R1,5, Samaan Z1,5,6.

J Affect Disord. 2018 Oct 1;238:615-625. doi: 10.1016/j.jad.2018.05.028. Epub 2018 Jun 19.Body mass index and risk of suicide: A systematic review and meta-analysis. Amiri S1, Behnezhad S2.

Harvard Mental Health Letter In Brief: BMI and suicide Published: June, 2006

Magnusson PKE, et al. "Association of Body Mass Index with Suicide Mortality: A Prospective Cohort Study of More Than One Million Men," American Journal of Epidemiology (January 1, 2006): Vol. 163, No. 1, pp. 1–8.

Psychiatry Investig. 2018 Mar;15(3):272-278. Association of Body Mass Index with Suicide Behaviors, Perceived Stress, and Life Dissatisfaction in the Korean General Population.Kim H1, Jeon HJ2, Bae JN3, Cho MJ4, Cho SJ5, Lee H1, Hong JP2.

J Nerv Ment Dis. 2007 Nov;195(11):948-51.The relationship of body weight to suicide risk among men and women: results from the US National Health Interview Survey Linked Mortality File. Kaplan MS1, McFarland BH, Huguet N.

最新增訂

梁恆彰醫師的壓力診療室 QA

Q1 孩子壓力大、情緒亂糟糟，該做什麼運動紓壓？

孩子壓力大的時候，情緒發展可能有兩種變化，一種是外向型，另一種則是內向型。外向型的情緒需要較強力或競爭的運動來平息情緒的起伏，例如各種球類比賽、拳擊劍道等武術、或是比較刺激的休閒活動。

另一種是內向型，他們傾向關在房間不想見人，因此需要有人陪伴引導走出房門，適合的運動以簡短夠強而恢復夠為原則，最好避免競賽產生挫折，例如短暫的快走或快跑衝刺然後充分休息，也可以嘗試簡短的重量訓練，他們通常沒有運動的動機，因此剛開始的時候不宜要求過長時間，臨床上我會建議先以一分鐘左右為限，先增加次數以後才考慮增加時間。

看影片

Q2 孩子（或長輩）有憂鬱傾向，服藥會產生什麼問題？不吃藥治療可以怎麼做？

抗憂鬱藥物長期服用常有影響記憶與情緒的情形。記憶是學習的關鍵要素，因此記憶力減損難免產生更大的學習困難，這也是為什麼有些學生對於服藥產生抗拒，因為雖然不服藥會情緒不穩，但是服藥之後，看了成績情緒更不好。

情緒失調的孩子多數偏向更內向，而服藥之後可能因為精神不濟而遭到同學排斥變得更難融入群體。另外，雖然服藥會在初期產生安撫情緒的作用，但是有些案例在長期服藥後反而覺得很不快樂。以我的臨床經驗來看，想要以不吃藥的方式調理情緒的關鍵要素是個人想要走出困境的企圖心。如果有意願再加上運動與神經調節治療大多數的案例都可以走出來。

看影片

Q3 為什麼運動後或泡熱水澡後，反而累又睡不好？

多數人在運動後泡熱水澡會感覺放鬆、釋放疲勞，這是因為他們的自律神經韻律正常，因此興奮後就會自然平息，進入副交感神經主導的狀態，而感覺放鬆愉快。

但是，自律神經失調的患者，多數是由於交感神經系統興奮之後難以平息而產生症狀，因為泡熱水澡會使交感神經持續興奮，所以患者在運動之後這麼做會使興奮時間過久反而更累，同時交感神經如果不平息會使人難以入睡。

我們也可以這麼說，如果泡熱水澡後反而睡不好，就是有自律神經失調的問題，很多人以為那是因為泡得不夠久或不夠熱而更強迫自己泡久一點或熱一點，結果日後反而會造成更嚴重的症狀，甚至增加猝死的風險。

看影片

Q4 身體很累，腦袋卻不累，該怎麼做？

這種情形常發生在用腦過度的人身上，因為腦部持續固定事件的興奮模式使交感神經統不斷驅使內臟工作而感覺身體很累。

在這本書中有提到四種調理壓力的方式，首先可以考慮轉移注意力到別的事，或者做一些休閒活動來沖淡壓力，也可以用勞動或運動讓自己身體累了而進入休息狀態，最後也可以視個人健康許可採用刺激與驚險的活動使大腦從原來固定的活動模式轉為應付危機的模式從而中斷持續固定腦神經反射的惡性循環。

看影片

Q5 當自律神經失調，全身會有什麼狀況？

多數的自律神經失調表現為交感神經過度興奮，黏液分泌會減少因此口乾舌燥、眼睛乾澀，黏膜發炎所以會有鼻塞胃發炎的情形，而汗腺過度分泌時會有手汗腳、汗過多，如果血管腫脹發炎，會有眼睛頭部感覺腫脹不適，也容易有心血管疾病。

表現在消化系統的症狀以胃食道逆流為主，在泌尿系統則常見頻尿與夜尿。在腦神經的表現則是失眠、倦怠、憂鬱、焦慮、恐慌或失控，嚴重的會有輕生的意念或企圖。在肢體上的表現為多發性的慢性痛，也就是身體從上到下有各種不同程度的痛點，其中胸悶心悸常令患

看影片

者不斷做各種檢查卻找不到明確的病灶。由於自律神經失調是機能失調併發症狀，因此往往檢查結果沒有什麼疾病。

Q6 過度承受壓力時，其實身體會預警，所以頭痛、鼻塞、失眠，都是身體在喊救命？

人體的壓力反應表現在交感神經作用上，因此各器官的交感神經症狀就是反應壓力的指標，頭昏腦脹、失眠情緒失調、鼻塞胃食道逆流等等都是各個器官喊救命逼你休息的方式，但是到了器官受不了抗議時壓力已經累積相當程度。

其實壓力的積累在多數人身上反應於休息時心率的波動，也就是壓力累積造成休息時心率上升，同樣的道理，如果壓力緩解休息心率也就緩和下來。所以本書的使命之一就是將壓力數字化具體化而不是傳統的心證，因為壓力數字化才可以在問題嚴重之前偵測出來，另一方面我們採用的紓壓方式到底效果如何如果沒有數字基礎也沒有辦法有效評估。

看影片

國家圖書館出版品預行編目資料

自律神經失調：身心壓力自救篇／梁恆彰著 -- 三版. -- 臺北市：幸福綠光股份有限公司, 2022.07
面；　公分

ISBN 978-626-96175-1-7 (平裝)

1.CST: 壓力 2.CST: 自主神經 3.CST: 生活指導

176.54　　　111008604

自律神經失調：身心壓力自救篇

聽心跳頻率→掌握身心壓力多大→活用四大技巧→重新開機

作　　者：梁恆彰
插　　畫：蔡靜玫、劉素臻、洪祥閔
封面攝影：水草攝影工作室
特約編輯：黃信瑜、發言平台 呂芝怡、呂芝萍
圖文整合：洪祥閔
責任編輯：何　喬
社　　長：洪美華
出　　版：幸福綠光股份有限公司
地　　址：台北市杭州南路一段 63 號 9 樓之 1
電　　話：(02)23925338
傳　　真：(02)23925380
網　　址：www.thirdnature.com.tw
E-mail：reader@thirdnature.com.tw
印　　製：中原造像股份有限公司
初　　版：2020 年 6 月
二　　版：2021 年 4 月
三　　版　2022 年 7 月
三版二刷　2023 年 8 月
郵撥帳號：50130123 幸福綠光股份有限公司
定　　價：新台幣 350 元（平裝）

本書如有缺頁、破損、倒裝，請寄回更換。
ISBN 978-626-96175-1-7

總經銷：聯合發行股份有限公司
新北市新店區寶橋路 235 巷 6 弄 6 號 2 樓
電話：(02)29178022 傳真：(02)29156275
原書名：身心壓力多大，聽心跳頻率就知道